T0209865

Workshops moderieren

Stefan Kühl · Mascha Nolte

Workshops moderieren

Eine sehr kurze Einführung

 Springer VS

Stefan Kühl
Universität Bielefeld
Bielefeld, Deutschland

Mascha Nolte
Hamburg, Deutschland

ISBN 978-3-658-40917-3   ISBN 978-3-658-40918-0   (eBook)
https://doi.org/10.1007/978-3-658-40918-0

Die Deutsche Nationalbibliothek verzeichnet diese Publikation in der Deutschen Nationalbibliografie; detaillierte bibliografische Daten sind im Internet über http://dnb.d-nb.de abrufbar.

Planung/Lektorat: Katrin Emmerich
Springer VS ist ein Imprint der eingetragenen Gesellschaft Springer Fachmedien Wiesbaden GmbH und ist ein Teil von Springer Nature.
Die Anschrift der Gesellschaft ist: Abraham-Lincoln-Str. 46, 65189 Wiesbaden, Germany

Vorwort

Organisationen nutzen verschiedene Anlässe, um ihre eigene Struktur neu auszurichten. In Marktexplorationen analysieren sie das Umfeld der Organisation und diskutieren deren Auswirkung auf die eigene Struktur. In Strategieprojekten definieren sie ihre Ziele und entwickeln ein darauf ausgerichtetes Zielsystem. In Reorganisationsprojekten überprüfen sie, in welcher Form die Kommunikationswege, die Entscheidungsprogramme und Personalzusammensetzung modifiziert werden sollen. In Organisationskulturprojekten analysieren sie ihre informalen Normen und suchen nach Hebeln, diese beeinflussen zu können. In Leitbildprojekten erarbeiten sie einen Wertekanon, der als Orientierung nach innen und außen dienen soll.

Wie man bei Marktexplorationen, Strategiebestimmungen, Reorganisationen, Kulturanalysen, oder Leitbildprojekten vorgehen sollte, ist inzwischen im Detail beschrieben worden. Weitgehend offen ist aber geblieben, wie diese Projekte in konkreten Interaktionsformaten umgesetzt werden können. Es ist klar, dass es für jedes Projekt eine Abfolge aus Sondierungsgesprächen, Workshops, Großkonferenzen und Webkonferenzen braucht – wie dies aber konkret gemacht wird, ist aus unserer Sicht bisher noch nicht befriedigend beschrieben worden.

Dieses Buch ist eines von mehreren, das sich mit Interaktionsformaten in Veränderungsprozessen beschäftigt. Im Mittelpunkt dieses Buch stehen Workshops – also ein Format aus ungefähr einem Dutzend Teilnehmenden, mit denen in ein oder zwei Tagen versucht wird, ein vorher zumindest grob umrissenes Ziel zu erreichen. Auch wenn wir in dieser Reihe von sehr kurzen Einführungen die Interaktionsformate wie Sondierungsgespräche, Workshops, Großkonferenzen und Webkonferenzen jeweils getrennt beschreiben, dann interessieren uns diese immer in Verbindung mit den anderen Interaktionsformaten. Wir nehmen dabei die Dynamik in den einzelnen Interaktionsformaten ernst, weil man nur dadurch ein Gespür dafür bekommt, wie diese in einem umfassenden Interaktionsplan in Veränderungsprozessen eingesetzt werden können.

Dieses Buch steht insofern für einen grundlegenden Wechsel im Verständnis von Workshops, der sich in den letzten Jahrzehnten herausgebildet hat. Es wird immer deutlicher, dass Workshops nur im Rahmen eines umfassenden Entwicklungsprozesses Sinn ergeben und deswegen das „Vorher" und das „Danach" bei Workshops zentral ist. Wir radikalisieren diesen Gedanken weiter, indem wir Workshops nur noch als ein mögliches Interaktionsformat in Veränderungsprozessen von Organisationen sehen, das nicht zwangsläufig im Zentrum eines Interaktionsplans in Veränderungsprozessen stehen muss. In nicht wenigen Fällen dient die Workshops lediglich dazu, die Anlässe für das Führen von Sondierungsgesprächen zu geben und die Ergebnisse aus Sondierungsgesprächen zu verifizieren.

Wir arbeiten in diesem Buch bewusst mit einer zugegeben stark vereinfachten Gegenüberstellung zwischen einer klassischen und einer neuen Sichtweise auf Interaktionsformate in Organisationen. In der klassischen Sichtweise wird der inhaltlichen Vor- und Nachbereitung vergleichsweise wenig Raum gegeben und darauf gesetzt, dass durch die Dynamik des Workshops zentrale Aspekte an die Oberfläche kommen. In der neuen Sichtweise wird die Vor- und Nachbereitung durch Sondierungsgespräche in den Mittelpunkt der Gestaltung von Workshops gestellt und der Workshop nur noch als ein möglicher Kristallisationspunkt für die Diskussion der an anderer Stelle erhobenen Einsichten, Ansichten und Einschätzungen gesehen. Ein Großteil der Workshops wird sich zwischen diesen beiden Extrempolen bewegen, die Gegenüberstellung zwei sich andeutender Paradigmen scheint jedoch hilfreich, um die Vor-

und Nachteile sehr unterschiedlicher Herangehensweisen an Workshops deutlich zu machen.

Während Praktiker sich intensiv mit dem Ablauf von Workshops beschäftigt haben, sind diese in der Wissenschaft bisher auffällig wenig beforscht worden. Unser Ziel ist es in erster Linie, ein „praktisches Buch" vorzulegen, mit denen Führungskräfte, Mitarbeiter und Berater das notwendige Wissen erhalten, um Workshops vorzubereiten, durchzuführen und nachzubereiten. Wir wollen in diese Darstellung aber punktuell immer wieder Einblicke aus der wissenschaftlichen Forschung über Interaktionen in Organisationen einfließen lassen, weil man gerade durch einen genauen Blick auf die Face-to-face-Interkationen wichtige Einsichten in die Dynamik von Workshops erhalten kann.

Dieses Buch wurde im Rahmen des Metaplan Professional Programm „Führen und Beraten im Diskurs" entwickelt. Den Teilnehmerinnen und Teilnehmern der verschiedenen Jahrgänge, die die hier vorgestellte Vorgehensweise nicht nur kritisch hinterfragt haben, sondern auch ihre Erfahrungen aus der Praxis zurückgespielt haben, sei genauso gedankt wie den verschiedenen Interaktionsforschern, die in den letzten Jahrzehnten die Praxis von Metaplan immer wieder kritisch reflektiert und kommentiert haben.

Stefan Kühl
Mascha Nolte

Inhaltsverzeichnis

Der Workshop – Was ist das und wofür setzt man ihn ein?

Das Format des Workshops gilt als vielversprechendes Mittel zur Bearbeitung verschiedenster Themen und Problemstellungen und erfreut sich in Organisationen anhaltend großer Beliebtheit. So werden Workshops etwa für Kampagnen- und Produktentwicklungen eingesetzt oder sie sind Teil umfassenderer Reorganisations- oder Strategieprozesse. Zum Teil werden sie als Instrument der Personalentwicklung verstanden, in denen Organisationsmitgliedern theoretisches Wissen oder praktische Kompetenzen vermittelt werden, welche diese im Anschluss gewinnbringend im organisationalen Alltag einsetzen sollen. An den Grenzstellen von Organisationen finden Workshops mit Zielgruppen statt, durch die diese versuchen, die Anforderungen ihrer Umwelt zu identifizieren und ihre Produkte oder Dienstleistungen darauf abzustimmen. In Stadt- und Regionalplanungsinitiativen soll im Rahmen partizipativer Workshops die Bürgerbeteiligung sichergestellt werden und an Universitäten finden sich Aushänge für Workshops zu Themen wie effektiver Selbstorganisation und Stressmanagement.

Mit Blick auf die unterschiedlichen Kontexte und Themen von Workshops stellt sich die Frage nach dem verbindenden Element dieser Veranstaltungen. Was unter dem Begriff „Workshop" verstanden wird, hängt offenbar maßgeblich von den gegebenen Rahmenbedingungen – etwa der durchführenden Organisation, den Veranstaltenden und dem professionellen Kontext – ab. Im alltagssprachlichen Gebrauch des Begriffs lässt sich insofern eine terminologische Beliebigkeit beobachten, durch welche Veranstaltungen mit unterschiedlichsten Zwecksetzungen mit dem Label „Workshop" versehen werden. Je nach Kontext liegt der Schwerpunkt dabei etwa auf Konzeptionsarbeit, Wissensvermittlung, Kompetenzentwicklung oder Erfahrungsaustausch (ähnlich Nolte 2023).

Diese im alltagssprachlichen Gebrauch verbreitete begriffliche Ungenauigkeit schlägt sich zum Teil auch in der inzwischen breiten Praktiker-Literatur zu Workshops nieder, in deren Darstellungen der Begriff des Workshops häufig gar nicht oder nur sehr ungenau bestimmt und in deren rezeptartigen Durchführungsanleitungen nur unzureichend zwischen verschiedenen Veranstaltungstypen unterschieden wird. So kann schnell der Eindruck entstehen, dass es sich etwa bei „Seminaren" und „Workshops" um synonyme Bezeichnungen für dasselbe Format handle (vgl. etwa Edmüller und Wilhelm 2015; Lienhart 2019).

Die Popularität des Etiketts „Workshop" lässt sich vermutlich auf die positiven Konnotationen, die mit dem Format verbunden werden, zurückführen. In der englischen Begriffsbedeutung ist ein „Workshop" ursprünglich die Werkstatt eines Handwerkers, wodurch Assoziationen von handwerklicher Praxis, gemeinschaftlich koordinierten Abläufen und zielorientierter Arbeit an einem konkreten, vorzeigbaren Ergebnis hervorgerufen werden. Während Begriffe wie „Seminar", „Training" oder „Schulung" einen leicht paternalistischen Beigeschmack haben und nach Mitteln zur Formung der als entwicklungsbedürftig angesehenen Organisationsmitglieder klingen, verheißen „Workshops" Partizipation und Mitbestimmung eigenverantwortlicher Mitarbeitender. Der Begriff scheint insofern sehr gut mit einem modernen Organisationsverständnis vereinbar (siehe dazu Kühl 2022: 165 f.).

Die relativ beliebige, teils inflationäre Verwendung und Unbestimmtheit des Begriffs stellen im organisationalen Alltag sowie für die meisten Praktiker wahrscheinlich kein Problem dar. Im Gegenteil kann, wo es etwa gelingt, mehr Mitarbeitende von der Teilnahme an einer Veranstaltung zu überzeugen, weil diese als „Workshop" und nicht als „Seminar" ausgeflaggt wurde, kann der variable Einsatz des Begriffs auf der Schauseite der Organisation wünschenswerte Effekte haben.

Für eine tiefergehende Auseinandersetzung mit dem Format und der Bestimmung dessen, was es ausmacht, ist eine derartig diffuses Begriffsverständnis jedoch problematisch. Es bedarf daher zunächst einer engeren Begriffsdefinition, die Licht ins Dunkel der alltagssprachlichen Ungenauigkeiten bringt. Bei der nachfolgenden Definition handelt es sich um das Workshopverständnis, wie wir es vertreten. Dass es neben dem, was wir unter „Workshop" verstehen, unzählige Formate gibt, die unter demselben Namen firmieren, aber sich durch gänzlich andere Ausrichtungen auszeichnen, soll dabei weder übersehen noch deren Nützlichkeit in Abrede gestellt werden.

1.1   Was ist ein Workshop?

Wir definieren Workshops als im Vorfeld konzipierte, moderierte Arbeitstreffen, bei denen sich Teilnehmende außerhalb der organisationalen Regelinteraktion einer eingegrenzten Thematik widmen. Die behandelten Themen werden dabei als zu umfänglich angesehen, als dass sie sich im alltäglichen Arbeitsablauf – etwa in täglichen Routinebesprechungen oder wöchentlichen Team-Meetings – behandeln ließen. Workshops verfügen entsprechend über einen ausgedehnteren zeitlichen Rahmen von etwa einem halben Tag bis zu drei Tagen und finden häufig außerhalb der Räumlichkeiten der eigenen Organisation statt. In der Regel gibt es eine konkrete Zielvorstellung von dem, was mit dem Treffen erreicht werden soll. Nach dem Treffen soll etwas anders sein als davor. Die Anliegen gelten dabei als so komplex, dass sie sich nicht einfach durch die Hierarchie entscheiden lassen. Es wird hingegen davon ausgegangen, dass es des Einbezugs der von der Thematik betroffenen Mitarbeitenden – der verschiedenen „Stakeholder" – bedarf, um in der fraglichen Angelegenheit voranzukommen. Deren Ansichten und Interessen sollen im Workshop sichtbar und besprechbar werden.

Im Workshop steht die *Konzeptionsarbeit* im Vordergrund: Die Teilnehmenden erarbeiten gemeinsam Ideen, Maßnahmen und Umsetzungsvorschläge zur jeweiligen Thematik, welche anschließend im Organisationsalltag zur Anwendung kommen sollen. Auch wenn sich Lernanteile oder Impulsvorträge in Workshops einweben lassen – im Fokus steht somit das zielorientierte, praktische Arbeiten entlang konkreter Fragestellungen. Anders als in Seminaren geht es also nicht um die Vermittlung von theoretischem Wissen und auch nicht, wie in Trainings, um das Erlernen und die praktische Einübung neuer Verhaltensweisen oder Fähigkeiten. Wo hingegen keine aktive Einbindung der Teilnehmenden stattfindet, sondern lediglich Themen oder bereits getroffene Entscheidungen vor einem Publikum verkündet werden, handelt es sich um Vorträge oder Präsentationen, nicht jedoch um Workshops.

Die Komplexität der in Workshops behandelten Themen schlägt sich auch auf die Diskussionen unter den Teilnehmenden nieder. Es passiert schnell, dass in hitzigen Debatten der rote Faden verloren geht oder man sich argumentativ im Kreis dreht. Derartige Situationen zu vermeiden ist Aufgabe der *Moderation,* welche sich als fester Rollenbestandteil in Workshops etabliert hat (siehe dazu Trebesch 1996). Für die Teilnehmenden haben Moderatoren vor allem entlastende Funktionen; sie können sich gänzlich auf die Themen konzentrieren, während andere dafür verantwortlich sind, die Debatten auf Spur zu halten (siehe dazu Zirkler und Rascher 2014). Der Zuständigkeitsbereich der Moderatoren beginnt jedoch bereits weit vor dem eigentlichen Workshop. Sie sind für die inhaltliche Konzeption der Veranstaltung und für die Klärung der organisatorischen Rahmenbedingungen verantwortlich. Im Workshop selbst fällt ihnen – neben der Gesprächssteuerung – zum Beispiel durch inhaltliche Fragen und beständiges Nachhaken – die Aufgabe der Visualisierung und Dokumentation der Diskussion zu (siehe dazu Schnelle-Cölln 1983; Freimuth und Barth 2014; Lahg 2016; Nolte 2022). Im Anschluss an den Workshop kümmern sie sich um die Auswertung und Aufbereitung der Ergebnisse und führen nachbereitende Gespräche.

Workshops werden in einigen Fällen von den Führungskräften selbst moderiert (siehe dazu speziell Sperling und Wasseveld 2002). Aber häufig wird es Vorgesetzte überlasten, wenn sie in derselben Interaktion sowohl die Rolle der vermittelnden Moderatoren als auch der letztentscheidenden Hierarchen übernehmen müssen (siehe dazu Graham 2014). Weil die Anforderungen der beiden Rollen so verschieden sind, sind diese häufig schwer in einer Person zu vereinbaren. Häufig wird deswegen versucht, die beiden Rollen von unterschiedlichen Personen ausfüllen zu lassen.

Eine Möglichkeit besteht darin, Moderatoren in der eigenen Organisation zu suchen. Für Moderatoren aus den eigenen Reihen sprechen die in der Regel geringeren Kosten und der einfachere Beauftragungsaufwand. Mitarbeitende der eigenen Organisation, die den Teilnehmenden bekannt sind, verfügen zudem häufig bereits über Vertrauen, was die Vorbereitung erleichtert als auch entspannende Effekte auf die Interaktion im Workshop haben kann. Interne kennen in der Regel die formalen Strukturen der Organisation genauso wie die informalen Abweichungen sowie die Interessen verschiedener Akteure und können daher schneller als Externe antizipieren, was die neuralgischen Punkte einer Diskussion sein werden. Als Organisationsmitglieder sind sie jedoch von den blinden Flecken und Tabus, die sich in jeder Organisation ausbilden, betroffen.

Externe Moderatoren verfügen gegenüber internen Moderatoren über höhere Freiheitsgrade. Sie haben deutlich weniger zu verlieren und können es sich daher eher leisten, kritische Themen anzusprechen. Insbesondere bei kontroversen, konfliktären Themen greifen deswegen Organisationen häufig auf die Beauftragung externer Moderatoren zurück. Dabei ist es jedoch nötig, dass sie in der Organisation erst einmal das Vertrauen aufbauen, dass sie sich in der Organisation gut auskennen und in der Lage sind, die Diskussionen sensibel auf die kritischen Punkte führen zu können. Gleichzeitig darf nicht übersehen werden, dass externe Moderatoren durch ihr Abhängigkeitsverhältnis zur auftraggebenden Person und der stets mitschwingenden Aussicht auf einen Folgeauftrag in ihren Handlungsspielräumen ebenfalls begrenzt sind. Kritische Themen können auch von ihnen meist nur nach vorangegangener Abstimmung mit dem Auftraggeber angesprochen werden. Es ist die Aufgabe des Externen, diese zu identifizieren, sie mit Auftraggebenden zu diskutieren und gemeinsam Wege zu finden, sie besprechbar zu machen.

Während eines Workshops bilden die Teilnehmenden Interaktionssysteme, welche nicht beliebig wachsen können. Zwar können edle Motive hinter dem Wunsch stecken, möglichst viele Personen in einem Workshop einzubeziehen, jedoch wird die Qualität der Diskussionen ab einer bestimmten Personenzahl zwangsläufig abnehmen. Denn je größer der Kreis der Teilnehmenden, desto höher auch der „Anteil an zugemuteter Passivität" (Kieserling 1999: 37 ff.). Um sicherzustellen, dass sich die Teilnehmenden aktiv einbringen können, scheinen Größenordnungen von gut einem Dutzend Personen ideal zu sein. Eine Obergrenze von zwei Dutzend Personen wird in der Regel nicht überschritten.

Die Teilnehmenden eines Workshops sind von der Thematik betroffen als auch gut in dem Thema drin. Es kann vorkommen, dass einzelne Teilnehmende unbedingt dabei sein sollten, weil sie als einzige über relevante Informationen verfügen oder für die spätere Entscheidungsfindung zentral sind, bei anderen Teilnehmenden scheint es eher darauf anzukommen, dass Vertreter eines Aufgabenfeldes anwesend sind, ohne dass es wichtig ist, um welche Person es sich konkret handelt. Die Auswahl der teilnehmenden Personen stellt dabei keine triviale Aufgabe dar und ergibt sich zumeist nicht bereits durch die Themensetzung, sondern wird in der Vorbereitungsphase in der Abstimmung zwischen Auftraggebern und Moderatoren gründlich durchdacht.

Zwar lässt sich durch die Begrenzung der Anzahl der teilnehmenden Personen am Workshop sicherstellen, dass alle den Diskussionen folgen und sich hin und wieder einbringen können, Möglichkeiten der Passivität lassen sich auch dann kaum vermeiden. Um die Teilnehmenden bestmöglich einzubeziehen, ihr Wissen zu den behandelten Themen herauszuarbeiten und in größerer Runde besprechbar zu machen, zeichnen sich Workshops daher durch einen *Wechsel von Kleingruppen- und Plenumsphasen* aus. Während das Plenum zunächst dazu dient, ein gemeinsames Ausgangsverständnis der behandelten Thematik zu schaffen und Arbeitsschwerpunkte für die Kleingruppen zu identifizieren, werden in Kleingruppen Teilaspekte detailliert durchdacht und Ideen gesammelt. Die Konzeption der Kleingruppenarbeitsphasen sowie deren sinnvolle Rückführung ins Plenum stellen Aufgaben der Moderatoren dar.

Ebenfalls in den Zuständigkeitsbereich der Moderatoren fällt die Erstellung einer *Dramaturgie*, welche eine Folge von Frage- und Sageelementen darstellt, die es den Teilnehmenden des Workshops ermöglichen soll, ihr Thema zu durchdenken und Ergebnisse zu erarbeiten (siehe dazu Sperling et al. 2007: 104 ff.). Frage- und Sageelemente sind interaktionsauslösende Fragen, provozierende Thesen oder prägnante Zusammenfassungen, die von den Moderatoren im Workshop eingebracht werden. Der aus den Frage- und Sageelementen bestehende chronologische Ablaufplan wird im Vorfeld des Workshops auf Grundlage der vorbereitenden Kontrakt- und Sondierungsgespräche sowie erfolgter weiterer Recherchearbeiten erstellt. In der Dramaturgie werden die vier idealtypischen Phasen eines Workshops – Einführung, Problemstellung, Vertiefung und Abschluss – genau vorgeplant. Aus ihr ergibt sich, welche Moderationsmethoden an welcher Stelle zum Zuge kommen und zu welchem Zeitpunkt jeweils Plenums- und Kleingruppenarbeit vorgesehen ist.

Moderatoren durchdenken in der Regel die Dramaturgie bis ins Detail und versehen die einzelnen Frage- und Sageelemente mit konkreten Zeitangaben. Jedoch stellt die Dramaturgie trotz dieser feingliedrigen Ausarbeitung immer nur einen groben Leitfaden als ein unumstößliches Drehbuch für den Workshop dar. Entwickelt sich die Dynamik in der Interaktion anders als zum Zeitpunkt der Erstellung der Dramaturgie antizipiert, muss die Moderation von ihrem durchdachten Plan abweichen und sich spontan auf andere Themenschwerpunkte einstellen.

1.2   Wofür werden Workshops eingesetzt?

Nicht jedes Thema eignet sich für einen Workshop. Die Kunst besteht darin, den passenden Zuschnitt zu finden, mit dem sich ein Thema im Rahmen des Formats bearbeiten lässt. Weder sollte dieser Zuschnitt zu weit gewählt sein („Wie verbessern wir unsere Kommunikation?") noch zu eng ("Welchen Web-Anbieter nutzen wir für unsere Team-Meetings?"). Stattdessen braucht es *Themen mittlerer Reichweite,* die über einen ausreichend weiten Gestaltungsspielraum verfügen, aber gleichzeitig hinreichend eingegrenzt sind, um die zugrunde liegenden Probleme zu identifizieren und konkrete Lösungsvorschläge entwickeln zu können. Die Formulierung von handlungsorientierenden Wie-Fragen hilft dabei, ein Thema zu konkretisieren und bearbeitbar zu machen.

Wie man Themen mittlerer Reichweite identifiziert

In einem Projekt für eine große Wirtschaftsprüfungsgesellschaft ging es um die Frage, wie für die Mitarbeiter das Arbeitsumfeld attraktiver gestaltet werden kann. Die Wirtschaftsprüfungsgesellschaft stand vor der Herausforderung, in einem zunehmend umkämpften Arbeitsmarkt, gute Mitarbeiterinnen und Mitarbeiter zu gewinnen und zu halten.

Der eine Zeit lang populäre Begriff "New Work" wurde als Label für das Projekt zur Mitarbeitergewinnung und -haltung gewählt. Es stellte sich jedoch in Sondierungsgesprächen heraus, dass dieser Begriff viel zu allgemein war, um die relevanten Themen der Workshops zu definieren.

Es zeigte sich immer deutlicher, dass die zentrale Frage war, ob es einen Anspruch der Mitarbeiter geben soll, einen oder zwei Tage von zu Hause aus arbeiten zu dürfen. Bisher hatte die Wirtschaftsprüfungsgesellschaft es in die Verantwortung der jeweiligen Teamleiter gestellt, mit ihren Teammitgliedern auszuhandeln, wie viel Zeit sie von zu Hause aus arbeiten dürfen. Ergebnis war eine hohe Heterogenität in der Gestaltung der Arbeitszeitregelungen.

Es deutete sich an, dass es eine zentrale Regelung braucht, um als Wirtschaftsprüfungsgesellschaft mit einer einheitlichen Message in den Arbeitsmarkt zu gehen. In den Workshops wurde mit den Partnern deswegen vorrangig die Frage diskutiert, ob man bereit ist, zur Steigerung der Attraktivität auf dem Arbeitsmarkt die Rechte der einzelnen Partner zu beschneiden.

Es deutete sich an, dass das geeignete Thema mittlerer
Reichweite ist, ob Mitarbeiter einen Mindestanspruch auf
eine bestimmte Anzahl von Stunden pro Woche haben sollen.
Das war deutlich spezifischer als das Label „New Work", aber
nicht so spezialistisch, wie das in den Sondierungsgesprächen
immer wieder angesprochene, aber anderweitig leicht zu
klärende spezialistische Thema der genauen Home-Office-
Ausstattung. ◄

Neben der Reichweite eines Themas gibt es weitere Kriterien,
die sich bei der Entscheidung für die Durchführung eines Workshops heranziehen lassen. Workshops sind dann ein geeignetes
Mittel, wenn es für das fragliche Anliegen Verständigung
zwischen verschiedenen Akteuren braucht. Sie bieten sich an,
wenn es gilt, divergierende Auffassungen und Interessen aufeinander zuzuführen. Sie sind nützlich bei der Erschließung von
Themenfeldern, die für alle beteiligten neu sind; im Rahmen
eines Workshops lässt sich ein gemeinsames Grundverständnis
dazu entwickeln.

Eine Vielzahl von Workshops, die in Organisationen durchgeführt wird, zielt auf einmalig zu treffende Entscheidungen,
die zunächst keine Auswirkungen auf die Organisationsstruktur
haben. So dienen etwa Workshops zur Eventplanung, Produkt-
oder Kampagnenentwicklung der Bearbeitung anfallender
organisationaler Routineaufgaben, sie ändern jedoch nicht an
den organisationalen Strukturen als solchen. Regelmäßig stellen
Workshops jedoch auch ein Mittel dar, um Organisationsstrukturen – systemtheoretisch gesprochen die „Entscheidungs-
prämissen" einer Organisation – zu bearbeiten. Workshops
sind in diesen Fällen der Versuch, über verdichtete, thematisch
konzentriere Kommunikation unter Anwesenden Strukturänderungen der Organisation zu erzielen. Sie sind dann in der
Regel Teil von Veränderungsprojekten, deren übergeordneten
Themen – etwa Strategiefindung oder Reorganisation – große
Reichweite besitzen. Um sie im Rahmen von Workshops
behandeln zu können, werden typischerweise eine Reihe von
Workshops durchgeführt, für die dann jeweils eingegrenzte,
bearbeitbare Unterthemen bestimmt werden.

Ob ein Workshop face-to-face oder digital durchgeführt werden sollte, hängt von verschiedenen Faktoren ab. Finanzielle Fragen spielen bei der Gestaltung von Workshops häufig eine Rolle, die Schwierigkeiten, Personen an einen Ort zusammenzubringen sind in vielen Organisationen nicht zu unterschätzen und auch das Verhältnis von Reisezeit und Workshopzeit sind ein wichtiges Kriterium. Zentral für die Frage, ob ein Workshop face-to-face oder digital stattfinden soll, ist jedoch der Zuschnitt des Themas. Während einige Themen sich besser von Angesicht zu Angesicht besprechen lassen, gibt es durchaus Anlässe, bei denen die geringere Zeichendichte digitaler Workshops Vorteile birgt. Bei komplexen Themen, die über einen großen möglichen Lösungsraum, eine hohe Diversität der vertretenen Interessen und eine Unberechenbarkeit der Handelnden verfügen, ist es besonders wichtig, auch die Wahrnehmung von non-verbaler Kommunikation – etwa das bedeutungsschwangere Augenrollen, Räuspern oder Stirnrunzeln – sicherzustellen. Das geht am besten in analogen Workshop. Wo der Lösungsraum jedoch kleiner ist, die zentralen Akteure sich bereits in vielen Punkten einig und ihr Handeln erwartbar ist, kann die geringere Bandbreite digitaler Workshop und die dadurch mögliche Fokussierung auf die Sachebene die bessere Alternative darstellen (vgl. dazu Matthiesen und Spengler 2020).

▶ **Zur Unwahrscheinlichkeit von „Strukturauflösung durch Interaktion"**
In der Regel ist das Ziel von Workshops, durch eine Interaktion die Strukturen der Organisation zu beeinflussen. Für Niklas Luhmann stellen Interaktionen und Organisationen jeweils soziale Systeme eigenen Typs dar, die zwar füreinander relevante Umwelt sein können, jedoch stets ihren eigenen Systemlogiken folgen und nur lose miteinander gekoppelt sind (Luhmann 1975: 10 ff.).
So werden Interaktionssysteme wie Unterrichtsstunden, Vorstandsklausuren oder Parteitage zwar maßgeblich durch sie „umgebende" Organisationssysteme wie Schulen, Konzerne oder

Parteien beeinflusst, sie lassen sich aber nie gänzlich durch sie determinieren. Umgekehrt gilt aber auch: Die Möglichkeiten, über Interaktionssysteme Strukturen der ihr umgebenden Umwelt – etwa einer Organisation – zu verändern, sind begrenzt. Da Strukturauflösung zwangsläufig mit einer Steigerung der zuvor durch Struktur reduzierten Komplexität einhergeht, weisen Organisationsstrukturen eine Beharrlichkeit auf, die sich durch Interaktionen nur in günstigen Ausgangssituationen aufbrechen lassen (Luhmann 2011: 14 ff.).

Die Chancen und Grenzen der klassischen Vorgehensweise

2

Durch die anhaltende Popularität von Workshops in Organisationen stellt deren Konzeption und Durchführung inzwischen einen breiten Markt für Moderatoren und Berater dar, die mit ihren ausgefeilten Methoden um die Gunst zahlungswilliger Kunden konkurrieren. Der Verweis auf eigene Publikationen zu Moderations- und Workshopmethoden dient dabei häufig der Kompetenzdarstellung und verspricht eine erleichterte Vermarktung der eigenen Leistung. Entsprechend umfänglich ist inzwischen die praxisorientierte Literatur zu Workshops, die sich in den Darstellungen ihrer Vorgehensweise häufig ähnelt. Zumeist liegt der Fokus hier auf dem „Ereignis" Workshop, auf dessen Eigendynamik in der konkreten Situation gesetzt wird, während der Veranstaltung vor- und nachgelagerte Phasen eine geringe Rolle zu spielen scheinen.

In den letzten Jahren lässt sich in der Branche jedoch eine Art Paradigmenwechsel beobachten, in dem sich ein verändertes Verständnis des Interaktionsformats Workshop sowie ein entsprechend angepasstes praktisches Vorgehen etabliert. Es setzt sich sukzessive die Überzeugung durch, dass Workshops weniger als Einzelereignisse als vielmehr Elemente umfassenderer Interaktionspläne verstanden werden sollten, in denen den Phasen der Vor- und Nachbereitung einen mindestens ebenso hohen Stellenwert eingeräumt werden muss wie der Veranstaltung selbst (siehe dazu früh Königswieser und Exner 1998: 47 ff.). Diese Entwicklung lässt sich bisweilen jedoch fast ausschließlich in der moderierenden Praxis beobachten, während sie sich bisher nur sehr begrenzt in praxisorientierter Literatur niederschlägt. An dieser Leerstelle setzen wir an, indem wir – in bewusst zuspitzender und simplifizierender Weise – zunächst die „klassische Vorgehensweise" darstellen, um im Anschluss daran das sich in der Praxis allmählich durchsetzende „neue Paradigma" abzugrenzen.

2.1   Die klassische Vorgehensweise bei der Durchführung von Workshops

In der einschlägigen Praktiker-Literatur wird die Bedeutung einer umfassenden Vorbereitung des Workshops zumeist betont. Da eine „gründliche Vorbereitung" die „wesentliche Voraussetzung für den Erfolg" der Veranstaltung darstelle (Edmüller und Wilhelm 2015: 17), gelte es, in dieser Phase den „Grundstein für einen erfolgreichen Workshop" (Beermann und Schubach 2013: 13) zu legen. Unter „Vorbereitung" wird hier zumeist jedoch lediglich die Klärung organisatorischer Rahmenbedingungen – etwa die Terminabstimmung, die Auswahl der Teilnehmenden und des Tagungsortes oder das Verschicken der Einladungen – verstanden. Der Fokus liegt demnach auf der *Sozialdimension,* während der Beschäftigung der durchführenden Moderatoren mit dem Workshopthema, der *Sachdimension,* im Vorfeld eher eine untergeordnete Bedeutung zugeschrieben wird.

▷   **Zum Verhältnis von Sach-, Sozial- und Zeitdimension**
    Aus einer systemtheoretischen Perspektive lassen sich drei Sinndimensionen unterscheiden: die Sozialdimension, Sachdimension und Zeitdimension. Jedes soziale System – egal ob es sich um eine Organisation, Gruppe, Familie oder Bewegung handelt – bildet Erwartungen in diesen drei Dimensionen aus. In der *Sachdimension* wird fixiert, in welcher Form Themen der sozialen Systeme behandelt

werden. In der *Sozialdimension* wird definiert, welche Formen von sozialer Unterstützung für die Ausbildung von Erwartungen als relevant betrachtet werden. In der *Zeitdimension* wird festgelegt, wie mit der Enttäuschung von Erwartungen umgegangen wird (siehe in allgemeinverständlicher Darstellung Luhmann 1972: 82 ff.).

Die Anforderung in den drei Sinndimensionen widersprechen sich häufig. Es ist äußert unwahrscheinlich, dass sich in Organisationen, Gruppen, Familien oder Bewegungen Verhaltenserwartungen „normativ strikt" (Zeitdimension), „sachlich weitrechend" (Sachdimension) und „konsensfähig" (Sozialdimension) konstituieren können (Luhmann 1970: 43). In der Regel widersprechen sich die Anforderungen. Wenn man Zustimmung haben will, muss man häufig auf eine präzise Definition von Erwartungen verzichten und darf nicht allzu aggressiv versuchen, seine Erwartungen im Enttäuschungsfall durchzusetzen. Wenn man Erwartungen sehr genau festlegen will, dann sinkt die Wahrscheinlichkeit, dass diese breit unterstützt werden.

Für die Analyse von Workshops können die drei Sinndimensionen in einer stark vereinfachten Form genutzt werden, um die widersprüchlichen Anforderungen deutlich zu machen. Wenn man einen breiten Konsens erreichen will (Sozialdimension), braucht man vermutlich im Interaktionssetting viele Tage (Zeitdimension) und muss sich vermutlich mit einigen abstrakt formulierten Kompromissen abfinden (Sachdimension). Wenn es um die Erarbeitung einer präzisen Vorgabe von Strukturänderungen geht (Sachdimension), wird man Widerstand in Kauf nehmen müssen (Sozialdimension) und damit rechnen müssen, Machtquellen zu mobilisieren, die neue Strukturen auch im Enttäuschungsfall durchzusetzen (Zeitdimension).

Was die thematisch-inhaltliche Vorbereitung von Workshops anbelangt, lässt sich mit Blick auf die praxisorientierte Literatur beobachten, dass dieser im Vergleich zur eigentlichen Veranstaltung wenig Aufmerksamkeit zuteilwird. Zwar wird die Notwendigkeit, das Ziel des Workshops im Vorfeld genau zu definieren und zu prüfen meist hervorgehoben (vgl. etwa Lipp und Hermann 2004: 165 ff.). Um dies zu erreichen, werden klärende Gespräche mit den Auftraggebenden empfohlen, während Vorgespräche mit den Teilnehmenden des Workshops in der Regel nicht systematisch vorgesehen werden. Wo dem doch so ist, wird häufig der Eindruck vermittelt, spontane, ungezwungene Telefonate zwischen Moderatoren und Teilnehmenden reichten aus, um deren Sichtweisen, Interessen und Erwartungen hinsichtlich des Workshop-Themas einzuholen.

Die Zurückhaltung in der inhaltlichen Vorbereitung lässt sich auf eine teils noch immer verbreitete Ansicht zurückführen, dass ein Zuviel an Planung der Interaktion im Workshop schaden könne (so zum Doppler und Lauterburg 2002: 388). Zum Teil finden sich in der Literatur explizite Aufforderungen, sich hinsichtlich des Vorbereitungsaufwands der Veranstaltung stark zu beschränken (vgl. Lienhart 2019: 76). Neben Effizienzgesichtspunkten besteht die Rationale des vorbereitungssparsamen Vorgehens in der Annahme, wonach eine umfängliche thematisch-inhaltliche Vorbereitung des Workshops zur Ausbildung der im Moderationsprozess eher hinderlichen „Scheuklappen" führe und es später erschwere, Muster in der Diskussion zu erkennen (vgl. Groß 2018: 23). Zudem müsse eine Einflussnahme der häufig als neutral verstandenen Moderatoren, wie sie durch intensive Vorgespräche mit den Teilnehmenden wahrscheinlich würde, verhindert werden. Die geringe Berücksichtigung der Sachdimension in der Planungsphase des Workshops schlägt sich unumgänglich auf den Ablaufplan für den Workshop nieder.

Was die Konzeption der Dramaturgie des Workshops anbelangt, wird in der Praktiker-Literatur häufig eine „offene Planung" empfohlen (Lipp und Hermann 2004: 171). Zwar sollten die Moderatoren den Einstieg in den Workshop vorbereitet haben, was danach geschehe müsse jedoch offengehalten werden – schließlich stehen im Workshop die Teilnehmenden und deren Interessensgebiete und nicht etwa die Wunschthemen der Moderatoren im Fokus. Letztere müssten entsprechend flexibel sein und fähig, sich auf die Dynamik in der Interaktion einzulassen und die Themenschwerpunkte dort zu setzen, wo die Aufmerksamkeit der Teilnehmenden während der Veranstaltung ihren gemeinsamen Fokus findet. Entsprechend hoch fallen die Anforderungen an die Workshopinteraktion selbst aus.

Durch die geringe inhaltliche Vorbereitung der Workshops verschiebt sich der Fokus zwangsläufig auf die Veranstaltung selbst, welche mit entsprechend hohen Erwartungen konfrontiert ist. Diese ereignisfokussierte Herangehensweise dokumentiert sich in der Schwerpunktsetzung der Praktiker-Literatur. So gibt es zahlreiche Publikationen, die sich ausschließlich mit Methoden, Tools und Spielen, die während eines Workshops zum Einsatz kommen können, befassen (vgl. etwa Seifert und Göbel 2001; Leão und Hofmann 2007; Rohm 2020). Hingegen gibt es keine, die sich schwerpunktmäßig mit den vor- und nachbereitenden Phasen des Workshops widmet. Die Hoffnung, die hinter diesem Vorgehen steht, scheint „Die Interaktion wird es schon reißen!" zu sein.

So wird häufig noch immer davon ausgegangen, dass das Aufeinandertreffen bestimmter Personen automatisch dazu führe, dass die für das fragliche Thema relevanten Punkte auf den Tisch kommen und diskutiert werden. Durch die Schaffung eines verdichteten Interaktionsraums, in dem die organisationsinterne Expertise versammelt wird, entwickle sich, so die Annahme, zwangsläufig eine Dynamik, die in Einzelgesprächen oder Regelmeetings nicht zu erreichen sei und die kritischen Aspekte zutage fördere. Allenfalls unterstützt werden müsse dieser Prozess durch methodisch versierte Moderatoren, die es durch ihre gezielten Nachfragen und ihr rhetorisches Geschick schaffen, die Diskussion auf die wesentlichen Punkte zu führen.

Als weitere zentrale Aufgabe der Moderatoren wird klassischerweise die Ermöglichung von Verständigung sowie die darauf aufbauende Herstellung von Konsens zwischen den Teilnehmenden angesehen (vgl. etwa Groß 2018: 23). Einem solchen Verständnis folgend erscheint Einigkeit das oberste Ziel des Workshops und die Funktion der Moderatoren die – bestenfalls konfliktumgehende – Navigation dorthin zu sein. Entsprechend verbreitet ist zum Teil noch immer die Auffassung, die zentrale Aufgabe der Moderation sei die „Konfliktvermeidung und -lösung" (Beermann und Schubach 2013: 103) und das Ziel des Workshops, „durch Beteiligung ,lokale Rationalität'" zu „überwinden" (Groß 2018: 3). Damit einher geht die Erwartung, sich auf Basis der erfolgten Verständigung noch im Workshop verbindlich auf nachfolgende Schritte festzulegen.

Nach der klassischen Vorgehensweise haben Workshops zumeist Entscheidungen zum Ziel (siehe dazu auch Nolte 2023). Sie seien neben Besprechungen „die Orte, an denen Entscheidungen in Organisationen getroffen und legitimiert werden" (Groß 2018: 29). Ob am Ende der Veranstaltung „verbindliche Entscheidungen" produziert wurden, wurde lange zum zentralen Erfolgskriterium des Formats erhoben, während das Ausbleiben von Entscheidungen als ein Scheitern der gesamten Veranstaltung interpretiert wurde (vgl. Lipp und Hermann 2004: 105). Diese entscheidungsfokussierte Haltung manifestiert sich insbesondere in den viel beschworenen Tätigkeitslisten und Maßnahmenkatalogen, die zum Ende der Veranstaltung angefertigt werden und, so die Annahme, „eines der wichtigsten Instrumente der Moderation" darstellen (Edmüller und Wilhelm 2015: 84). Dabei wurde davon ausgegangen, dass diese Listen, wenn nur konkret genug formuliert, den Transfer des Erarbeiteten in den organisationalen Alltag sicherstellen können. Entsprechend markierte ihre Anfertigung meistens nicht nur das Ende des Workshops, sondern auch die Tätigkeit der Moderatoren sowie die Beschäftigung der Auftraggebenden mit der Thematik – schließlich hat man jetzt ja einen Plan, aus dem alle weiteren Schritte hervorgehen.

Mit Blick auf die Nachbereitung von Workshops wurde lange lediglich die Notwendigkeit der Evaluation der Veranstaltung – etwa hinsichtlich der Performance der Moderatoren und der Zufriedenheit von Auftraggebenden und Teilnehmenden – betont (vgl. etwa Edmüller und Wilhelm 2015: 113 ff.). Die Notwendigkeit einer noch umfänglicheren *inhaltlichen* Nachbereitung der Veranstaltung, die dieser zeitlich nachgelagert ist,

wurde hingegen lange verkannt. So wird eine ausführliche Auswertung der während des Workshops produzierten Materialien
und Ergebnisse, auf deren Grundlage weitere Abstimmungs-
runden erfolgen, in der Praktiker-Literatur selten vorgesehen.
Zum Teil wird eine Weiterarbeit am Workshopthema nach
dessen Ende aufgrund des beschriebenen starken Fokus auf
dem Ereignis Workshop selbst und dem verbreiteten Anspruch,
während der Veranstaltung Verständigung und Entscheidungen
zu produzieren, noch immer als Ausdruck von deren Scheitern
verstanden zu werden.

2.2 Der Charme der klassischen Vorgehensweise

Die dargestellte Vorgehensweise bei der Durchführung von
Workshops birgt einige Vorteile, angefangen bei dem spontanen
Einsatz des Formats, der durch den geringen organisatorischen
Aufwand im Vorfeld der Veranstaltung möglich wird. Dadurch
wird der Workshop zu einem flexibel einsetzbaren Instrument
für akute organisationale Anliegen. Wo auf eine intensive Vorbereitung verzichtet wird, lässt sich für jedes Thema, das sich
im Alltagsgeschäft aufdrängt und des Einbezugs verschiedener
Parteien bedarf, kurzerhand ein Workshop einberufen. Immer
dann, wenn man merkt, dass die Regelinteraktion in der
Bearbeitung bestimmter Probleme an ihre Grenzen stößt, kann
man auf das ausgedehntere Format zurückgreifen. So lässt sich
das ohnehin stattfindende Weekly schnell zu einem Halbtages-
workshop ausdehnen und, so die Hoffnung, die dazu gewonnene
Zeit nutzen, um all die Punkte, die offen sind, umfänglich zu
besprechen. Auch für Moderatoren und Berater hat diese Vorgehensweise ihren Charme. Schließlich lassen sich auch kurz-
fristige Anfragen annehmen, wenn man sich in der Vorbereitung
auf wenige Gespräche mit den Auftraggebenden und ein biss-
chen Desk-Research beschränkt.

Moderatoren und Beratern kommt der geringe Vor- und Nach-
bereitungsaufwand von Workshops auch in der Verkaufsphase

ihrer Leistungen entgegen. Da in den meisten Organisationen die Vorstellung des Workshops als Einzelereignis vorherrscht, lassen sich intensive Vor- und Nachbereitungsphasen häufig nur schwer legitimieren, weil der Nutzen für die Auftraggeber nicht unmittelbar sichtbar wird Die Sinnhaftigkeit von vorbereitenden Gesprächen mit einer Reihe von Organisationsmitgliedern wird oftmals schlicht nicht erkannt – schließlich hat man doch den Workshop, bei dem man über alles sprechen wird. Die Bereitschaft, für diese Leistungen Platz im eigenen Kalender einzuräumen sowie sie zu vergüten fällt daher nicht selten gering aus. Wo sich der Kosten- und Zeitaufwand hingegen auf ein Einzelereignis beschränkt und entsprechend überschaubar bleibt, fällt die Entscheidung, überhaupt einen Workshop durchzuführen, deutlich leichter.

Als Vorteil der offenen Planung wird meist die Sicherstellung eines flexiblen Vorgehens während der Veranstaltung selbst angeführt. Ein detaillierter, zeitlich durchgetakteter Ablaufplan berge demnach die Gefahr, dass die Moderatoren ihn auch dann an ihm festhalten, wenn die Interaktionsdynamik eigentlich etwas anderes verlangen würden. Wo ein derartiger Plan nicht vorliegt, bestehe auch nicht das Risiko, dass man sich an ihm festkralle – etwa aus Angst, den sich spontan entwickelten Themenfluss nicht auf Spur halten zu können. Stattdessen könne man sich vollends auf die Geschehnisse in der Workshopsituation einlassen und spontan, je nach Themensetzung der Teilnehmenden, entscheiden, welche Aspekte vertieft werden sollen. Häufig schwingt in diesen Darstellungen eine Hoffnung auf die produktiven Überraschungseffekte von Interaktionen mit: Durch das Zusammentreffen entwickele sich etwas, was man so nicht hat kommen sehen und unverhofft zur Problemlösung beiträgt. Wo jede Interaktion fein dramaturgisch vorgeplant und antizipiert wurde, wird die Dichte dieser Überraschungsmomente – die natürlich auch weniger erfreulich ausfallen können – gewiss abnehmen.

Was die nach wie vor verbreitete Vorstellung, wonach die Entscheidungsfindung im Workshop selbst stattfinden sollte, anbelangt, darf deren Motivationsfunktion nicht unterschätzt werden. Da die Teilnahme am Workshop den Organisationsmitgliedern zumeist eine Mitgliedschaftspflicht darstellt, lässt sich von ihnen zunächst nicht mehr erwarten als physische Anwesenheit. Besteht jedoch die Aussicht, in der Veranstaltung auf Entscheidungen Einfluss nehmen zu können, kann dies die eigene Leistungsmotivation erhöhen. Mitarbeitende werden sich schließlich nur dann engagiert einbringen, wenn sie davon überzeugt sind, dass ihr Zutun tatsächlich einen Effekt haben wird. Daher sollte auch dort, wo feststeht, dass anstehende Entscheidungen nicht im Workshop selbst getroffen werden, deutlich werden, dass und wie die im Workshop entwickelten Ideen von Vorgesetzten wahrgenommen werden. Bleibt dies aus oder merken die Mitarbeitenden, dass ihre mühselig entwickelten Vorschläge am Ende doch nur wieder in der Schublade landen, sind Zynismus, Gleichgültigkeit und ein geringes Engagement beim nächsten Workshop absehbare Folgen – insbesondere dann, wenn man die Einwirkung auf Entscheidungen explizit in Aussicht gestellt hatte.

Die gemeinsame Arbeit an organisationalen Themen, deren Relevanz von allen Beteiligten erkannt wird, schafft Kohäsion. Dieser Effekt dürfte dann besonders stark ausfallen, wenn während dieser Arbeit vor allem die Gemeinsamkeiten in Hinblick auf Problemverständnis und Perspektiven für die Zukunft zutage treten. Dissens und Konfrontationen hingegen bedrohen nicht nur den interaktiven Frieden, sondern können sich auch negativ auf das Zusammengehörigkeitsgefühl eines Teams oder einer Abteilung auswirken. Ein stark verständigungsorientiertes Vorgehen, das Konflikte eher kaschiert als sie zunächst aufdeckt verspricht daher – zumindest kurzfristig – größere Kohäsionseffekte als ein Vorgehen, das auf die Offenlegung der Divergenzen und die zum Teil schwer aushaltbaren Spannungen zielt.

2.3 Die Grenzen der klassischen Vorgehensweise

Wie aufgezeigt, hat man sich in der Vorbereitung von Workshops häufig auf die organisatorischen Rahmenbedingungen – die Auswahl der Teilnehmenden, die Suche nach passenden Räumlichkeiten und die Ausstattung mit ausreichendem Moderations-material – beschränkt. Zweifelsohne stellen diese Aspekte einen nicht zu vernachlässigenden Teil der Planung dar. Wo sie jedoch den Großteil des Vorbereitungsaufwands einnehmen, lassen sie einen deutlich entscheidenderen Aspekt ins Hintertreffen geraten: die intensive, bereits im Vorfeld stattfindende Aus-einandersetzung mit dem Workshopthema – das heißt eine aus-führliche Berücksichtigung der *Sachdimension*.

Wo eine umfängliche inhaltliche Auseinandersetzung mit der Workshop-Thematik im Vorfeld der Veranstaltung versäumt wird, ist die Gefahr groß, nicht zum Kern des Organisations-schmerzes vorzudringen und letztlich an den wesentlichen Themen „vorbeizumoderieren". Beschränkt man sich in dieser Phase auf die Gespräche zur Auftragsklärung mit den Auftrag-gebenden und das eigene Desk-Research, besteht faktisch keine Chance, die Organisation, das akute Gestaltungsanliegen und die Probleme, die sich dahinter verbergen, zu verstehen. Ohne umfänglichere Gespräche mit weiteren Betroffenen lässt sich etwa nicht herausfinden, ob das identifizierte Problem der Auf-traggebenden die tatsächlichen Schmerzpunkte der Organisation betrifft oder eher ein Scheinanliegen darstellt, hinter dem sich andere Intentionen verbergen. Insbesondere mikropolitische Auseinandersetzungen und Positionen – welche immer einen Einfluss auf die möglichen Gestaltungsspielräume haben – lassen sich so schlicht nicht identifizieren.

Sichtweisen, Interessen und mikropolitische Erwägungen der Beteiligten beeinflussen die Dynamik der Interaktion im Workshop stark. Wenn sie im Vorfeld nicht analysiert und in Beziehung zueinander gesetzt werden, besteht die Gefahr, dass sich während der Veranstaltung unerwartete Themenent-wicklungen, Konfliktlinien oder Lagerbildungen abzeichnen, auf die sich ohne Vorbereitung nur schwer reagieren lässt. Dadurch erhöht sich der Druck auf die Interaktion und allen voran die-jenigen, die ihre „Regiedominanz" (Goffman 1983: 93) inne-haben: die Moderatoren. Sie müssen mit dieser misslichen Lage umgehen und stehen dabei vor der Herausforderung, sowohl die komplexe Sachlage zu durchsteigen als auch als Vermittler zwischen den konfligierenden Parteien zu agieren (siehe dazu auch Nolte 2023).

Die häufig ausbleibende inhaltliche Vorbereitung von Workshops lässt sich auf eine teils noch immer verbreitete Überschätzung der Interaktion in Praktiker-Literatur und Organisationspraxis zurückführen. Danach führe das Zusammentreffen bestimmter Personen automatisch dazu, dass man über die wesentlichen Themen in einen produktiven Austausch kommt, in dem widerstreitende Interessen deutlich werden. Dabei wird verkannt, was die meisten Menschen aus alltäglichen Interkationen nur zu gut wissen müssten: Dass es sich bei Interaktionen – in der Regel – um nach Harmonie strebenden Systeme handelt, die immer nur die Wahl haben, „Konflikte zu vermeiden oder Konflikte zu sein." (Luhmann 1975: 17). Um Letzteres zu verhindern, neigen Interaktionen daher meist – und vor allem dort, wo das „Gesetz des Wiedersehens" (Luhmann 1965: 170) herrscht – zur Etablierung eines „working consensus" (Goffman 1971b: 20 f.) und damit zur fast instinktiven Verfolgung des sozialen Friedens. Man will das eigene und das Gesicht der anderen wahren und umschifft daher die kritischen Themen, die dies erschweren würden. Der Preis für das friedvolle interaktive Miteinander ist dann regelmäßig ein Verharren an der Oberfläche der Thematik, deren strittige Punkte eben nicht zur Sprache kommen (siehe dazu auch Nolte 2023).

> **Zwischen Effekten der Selbstzensur und Eigendynamik der Interkation**
>
> Jeder Workshop steht vor der Herausforderung, dass viele Themen in der Organisation tabuisiert sind. Dies ist dann der Fall, wenn an dem Workshop Vorgesetzte teilnehmen, die besser nicht über alle Praktiken in einem Team Bescheid wissen sollten, Mitarbeiter aus anderen Bereichen, zu denen ein Verhältnis konkurrierender Kooperation besteht oder externe Moderatoren, denen als Nichtmitgliedern prinzipiell erst einmal mit Skepsis begegnet wird. „Öffentlichkeit als Zensurmechanismus" ist der Begriff, mit dem dieser Effekt in der Interaktionsforschung bezeichnet wird. Bei Work-

shops mit Teilnehmenden aus mehreren Organisations-
einheiten, aus mehreren Hierarchiestufen und mit Externen
kann man „auf Vertrauen und Diskretion nicht zählen". Es
hieße, die Intelligenz der Mitglieder gering zu schätzen,
wollte man annehmen, dass sie unter den Bedingungen
einer organisationsinternen Öffentlichkeit bereit wären, zu
sagen, wo sie das Problem sehen (hierzu und zum Folgenden
Kieserling 2002: 2).

Effekt sei, dass die Mitglieder in den Workshops in
allgemeine Wertformulierungen fliehen würden. Jede
Organisation verfügt über eine Menge von Werten und
Formeln, zu „denen man sich unter allen Umständen
bekennen kann". Von allen Mitgliedern könne erwartet
werden, dass „auch sie diese Werte schätzen oder jedenfalls
nicht offen zugeben werden, dass sie es nicht tun". Wolle man
in den Workshops nicht völlig verstummen, dann empfehle
es sich, sich in seinen Beiträgen auf die in der Organisation
gepflegten Werte zu beziehen (Kieserling 2002: 2).

Diese „Öffentlichkeit als Zensurmechanismus" war
in Workshops mit Handwerksteams in einem großen
französischen Mobilitätsunternehmen zu beobachten (siehe
dazu ausführlich Kühl 2007). Gerade die Anfangsphase der
Workshops war durch ein „Fremdeln" der Mitarbeiter gegenüber den internen Organisationsentwicklern und Beratern
gekennzeichnet. In zwei Workshops wurde deutlich, dass
der Teamleiter vorher den Mitarbeitern mitgeteilt hatte, dass
man gegenüber den Externen vorsichtig zu agieren hätte. In
der Phase der Problembestimmung wurden häufig Themen
gewählt, die nicht in der Verantwortung des Teams lagen. Bei
der Diskussion wurden mit „Impfung gegen Hepatitis", „Des-
infektionsanlagen in den Duschen", „Reinigung der Sozial-
räume" oder „Informationen zur Jahresarbeitszeit" Themen
bestimmt, für die die Niederlassungsleiter, die Stabsstellen
der Zentrale oder andere Dienstleister des Konzerns verantwortlich waren und mit denen von den relevanten Themen
der Teams abgelenkt werden sollten.

Aber der Zensurmechanismus in Workshops kann gerade
durch die Eigendynamik von Face-to-face-Interaktion außer

Kraft gesetzt werden. Durch die Sondierungsgespräche stehen Informationen zur Verfügung, die den allgemeinen Werteformeln entgegengesetzt werden können. Es bilden sich Ermüdungserscheinungen gegenüber Phrasendrescherei aus, die nur selten durch noch intelligenter gemachte Wertformulierungen aufgefangen werden können, sondern in der Regel zu einem Zwang zur Offenheit führen. Dieser Prozess ließ sich in dem Beratungsprozess in dem Mobilitätsdienstleister gut beobachten. Die Informationen aus dem Sondierungsgespräch, die Dauer der Workshops und die Wiederholung von Themen führte dazu, dass das Spielen von „Bullshit-Bingo" schnell an Attraktivität verlor. Allein durch die Arbeit an Details der Auftragsvergabe, der Lagerhaltung oder der Abrechnung kamen immer mehr informale Lösungen der Handwerksteams an die Oberfläche, die dann in den Workshops bearbeitet werden konnten. ◄

Die in der Workshopinteraktion häufig zu beobachtende Umschiffung der kritischen Punkte wird zumeist verstärkt, wenn die Moderatoren es als ihre Aufgabe ansehen, Verständigung zu schaffen, Konflikte zu lösen und schlussendlich Konsens herbeizuführen. Die starke Ausrichtung auf diese Ziele führt jedoch häufig weniger zur Konfliktlösung als zu gänzlicher Konfliktvermeidung und damit gerade nicht zum gewünschten Zustand. Wo Verständigung mit Konsens gleichgesetzt wird und das oberste Ziel daher von vornherein Einigkeit darstellt, werden sich in der Interaktion abzeichnende Spannungen und Konfliktlinien schnell als pathologische Auswüchse der Diskussion angesehen, die neben der Bedrohung für die Interaktion als solche auch als Gefahr für eine erfolgreiche Moderationsleistung wahrgenommen werden. Um diesen Eindruck zu vermeiden, wirken Moderatoren – meist taktvoll unterstützt durch die Teilnehmenden – dann schnell darauf hin, Streithähne wieder aufeinander zuzuführen und einen Scheinkonsens herzustellen, bei dem man sich auf die ohnehin unstrittigen Punkte einigt. Letztlich verhindert der starke Fokus auf Verständigung und Konsens so häufig, dass sich tatsächlich verständigt wird.

Wie dargelegt, müssen nach einer noch weitverbreiteten Ansicht während des Workshops Entscheidungen getroffen und diese auf eine Weise dokumentiert werden, die nachfolgende Schritte und die konkrete Umsetzung im Organisationsalltag feingliedrig festlegt. Die Anfertigung von Aktionsplänen, Tätigkeitslisten oder Maßnahmenkatalogen gilt nach dieser Ansicht als unerlässliche Notwendigkeit zum Ende jedes Workshops. Erfahrungsgemäß stellen sich jedoch bereits nach kurzer Zeit Klagen darüber ein, dass es bei der Umsetzung in die Praxis hapert oder die Listen gar gänzlich in Vergessenheit geraten. In der Anfertigung dieser Listen sowie am Glauben daran, dass sich durch sie tatsächlich organisationales Handeln programmieren lässt, drückt sich die verbreitete Orientierung an einem stringenten, zielorientierten Idealmodell der Organisation aus. Aus diesem resultiert eine im Management verbreitete „Macher-Mentalität", die unmittelbare Handlungsorientierung – und damit solch konkrete Handlungsanweisungen wie Aktionspläne – schätzt. Aber in der Organisationswissenschaft hat sich die Erkenntnis durchgesetzt, dass sich organisationale Handlungen nur bedingt planen lassen und viel häufiger das Ergebnis von günstigen Gelegenheiten oder Zwangslagen sind (einschlägig Cohen et al. 1972). Nimmt man dessen Überlegungen ernst, verwundert es nicht, dass Tätigkeitslisten ihren offiziellen Zweck oft verfehlen.

Wenn man sich von der Vorstellung, dass diese Listen tatsächlich den Transfer des Erarbeiteten ins Alltagsgeschäft sicherstellen können, distanziert, lassen sich dennoch gute Gründe für ihre Anfertigung identifizieren. Diese Gründe sind jedoch häufig nicht offen kommunizierbar. Erst indem man signalisiert, dass man sich über konkrete Handlungen unterhält, findet in Diskussionen Verständigung statt. Solange nicht die Drohung im Raum steht, dass das, was diskutiert wird, auch Konsequenzen haben könnten, sehen Mitarbeitende nicht die Notwendigkeit sich wirklich ernsthaft miteinander auseinanderzusetzen. Nur durch die durch Aktionspläne symbolisierte Drohung „Es könnte auch ernst werden" werden Diskussionen nicht zu reinen Scheingefechten. Darüber hinaus ist das unmittelbare Befriedigungsgefühl, dass sich bei den Teilnehmenden zum Ende eines Workshops mit dem Blick auf eine ausführliche Liste von Anschlusshandlungen, die personell zugeordnet und zeitlich genau definiert wurden, einstellt, auch nicht zu unterschätzen. Des Weiteren ist es für die Legitimation der Veranstaltung gegenüber dem Rest der Organisation oft hilfreich, erste konkrete Ergebnisse, etwa in Form von Listen, vorweisen zu können.

Von der Wirkung der in Aktionsplänen dokumentierten Entscheidungen eines Workshops abgesehen, lässt sich grundlegend fragen, wie sinnvoll es ist, das Treffen von Entscheidungen als Ziel der Veranstaltung anzusehen. Steht die Erwartung im Raum, dass am Ende entschieden werden muss, entwickelt sich spätestens zum Ende der Veranstaltung ein von allen verspürter Druck, sich endlich festlegen zu müssen, um am Ende nicht mit leeren Händen dazustehen. In aller Regel wird diesem Druck nachgegeben, sodass die meisten Workshops am Ende irgendeine Form von Ergebnis präsentieren können. Fraglich ist jedoch, welche Qualität und Nachhaltigkeit Entscheidungen haben, die vornehmlich ein Produkt der auf Ergebnisherstellung drängenden Interaktionsdynamik darstellen und weniger aufgrund tatsächlich erfolgter Verständigung getroffen wurden. Tatsächlich gibt es zahlreiche gute Gründe dafür, Entscheidungen zu vertagen anstatt sie nur um der Entscheidung willen zu treffen. Wo etwa wichtige Beteiligte nicht anwesend sind, es weitere Informationen braucht oder sich auch nach langen Diskussionen schlicht kein gangbarer gemeinsamer Weg abzeichnet, kann das Verschieben der Entscheidung der bessere, wenn auch in der Interaktion erstmal unzufriedenstellende Weg sein. Statt in der Interaktion auf Entscheidungen zu pochen, ist es häufig sinnvoller, ihre jeweiligen Konsequenzen vorzudenken, sie aber in die Phase der Nachbereitung zu vertagen. Um von vornherein keine falschen Hoffnungen zu wecken und am Ende Frustration zu produzieren, sollten die Erwartungen der Teilnehmenden in Bezug auf die Veranstaltung entsprechend gemanagt werden.

Voraussetzung dafür, dass Entscheidungen nicht krampfhaft noch in der Workshopsituation getroffen werden müssen, ist eine ausführliche Nachbereitungsphase, die jedoch häufig noch immer ausbleibt. Oftmals beschränkt sich die Nachbereitung

– die nicht selten unmittelbar im Anschluss an den Workshop erfolgt – auf die Evaluation der Veranstaltung, wodurch
suggeriert wird, dass nicht nur der Workshop, sondern auch die
Auseinandersetzung mit dem Thema nun abgeschlossen sei. Mit
einem derartigen Vorgehen lässt man die Chance verstreichen,
die ggf. guten Ansätze, die während des Workshops entwickelt
wurden, tatsächlich in den Organisationsalltag zu überführen.
Denn diese werden sich in den allermeisten Fällen nicht von
allein im Alltagsgeschäft durchsetzen. Um das zu erreichen,
braucht es, wie gezeigt, jedoch mehr als detaillierte Handlungs-
pläne für die Zukunft. Wo der Phase der Nachbereitung keine
ebenso hohe Bedeutung wie der Vorbereitung und der Durchführung der Veranstaltung beigemessen wird, zerschellen die
im Workshop entwickelten Ideen schnell an der Unnachgiebig-
keit der organisationalen Routine. Was vom Workshop dann
noch übrig bleibt, ist allenfalls das wohlige Gefühl, man wieder
zusammengekommen und über alles gesprochen zu haben.

▷ **Zur rituellen Ordnung von Interaktionen und ihrer
   Herausforderung für Workshops**
Wie sehr das tägliche Miteinander von taktvollem
Verhalten und rituellen Praktiken bestimmt wird, hat
insbesondere der Soziologe Erving Goffman in einer
Reihe von Essays eindrücklich aufgezeigt. Während
sich die Gesellschaft ansonsten fast gänzlich von
ihren Gottheiten befreit habe, so ein berühmtes Zitat
Goffmans, bleibe der Mensch in der Moderne „hart-
näckig als eine wichtige Gottheit bestehen" (Goffman
1971c: 104), welche insbesondere in der Interaktion
geschützt und bestätigt werden müsse.
   Dieser Schutz richtet sich nicht nur auf das eigene
Selbst, sondern ebenfalls auf das der anderen. Er
umfasst Takt, worunter Goffman die Unterstützung
der Selbstdarstellung von Interaktionspartnern
versteht (1971). So entspricht es der normalen
Erwartung im direkten zwischenmenschlichen
Umgang das Image der anderen zu schonen, deren

Patzer zu übersehen und nichts zu tun, was ein schlechtes Licht auf sie werfen würden.

Taktvolles Verhalten kann dabei im Widerspruch zu den tatsächlichen Ansichten der Interaktionspartner stehen, welche sie in gesichtswahrender Absicht nicht preisgeben. Stattdessen bildet sich im interaktiven Miteinander regelmäßig ein „Arbeitskonsensus" heraus, der mit Sympathie, gegenseitiger Rücksichtnahme und Dämpfung von Meinungsunterschieden einhergeht (Goffman 1971b: 10). Es wird ein „Schein der Übereinstimmung aufrechterhalten und Teilnehmer, die in Wirklichkeit Meinungsverschiedenheiten untereinander haben, leisten zeitweilige Lippendienst, der Übereinstimmung hinsichtlich bestimmter Tatbestände und Prinzipien unter ihnen schafft" (Goffman 1971a: 42). Die Aufrechterhaltung eines solchen Arbeitskonsensus stellt dabei die Fortsetzung der Interaktion sicher und schafft Bereitschaft, sich an Folgeinteraktionen zu beteiligen.

In geselliger Interaktion unter Freunden, in Liebesbeziehungen oder auf Partys erfüllt der Arbeitskonsensus eine wichtige Funktion. Die Bereitschaft zur Teilnahme an Interaktionen dürfte insgesamt gering sein, wäre die Norm nicht taktvolle Zurückhaltung, sondern schonungslose Ehrlichkeit. In ungeselligen Interaktionen zum Beispiel in Workshops, in Mitarbeitergesprächen oder bei Prüfungen liegen die Ziele der Interaktion jedoch außerhalb ihrer selbst. Es geht darum, die „tatsächlichen" Ansichten der Interagierenden aufzudecken. Ein oberflächlicher Konsens wird schnell zum Ärgernis.

Wo offene Meinungsäußerung mit den Geboten des taktvollen Miteinanders brechen würde, ist damit zu rechnen, dass die Teilnehmenden im Workshop sich regelmäßig eher bedeckt halten, als die Desavouierung ihrer Kollegen zu riskieren (siehe dazu auch Nolte 2023). Für den Erfolg der Veranstaltung ist das Aufzeigen divergierender Ansichten sowie deren Diskussion jedoch essenziell. Bei der Konzeption von Workshops kommt es daher maßgeblich darauf an, jene Aussagen, die die Teilnehmenden aus taktvoller Erwägung nicht im Kreise ihrer Kolleginnen tätigen würden, durch „Zuschauersegregation" (Goffman 1983: 126) etwa in Einzelgesprächen zu erheben sowie Wege zu finden, sie auch in größerer Runde besprechbar zu machen.

Wie bindet man einen Workshop in einen Interaktionsplan ein?

3

In der Moderations- und Beratungspraxis lässt sich in den letzten Jahren beobachten, dass die skizzierte klassische Vorgehensweise bei der Durchführung von Workshops allmählich durch ein „neues Paradigma" abgelöst wird. Dieses sieht vor, die vor- und nachgelagerten Phasen von Workshops als elementare Bestandteile von Interaktionsplänen in Veränderungsprozessen zu begreifen. Der Clou einer umfänglichen Vor- und Nachbereitung besteht darin, dass sich vieles, was nach dem klassischen Vorgehen im Workshop selbst geleistet werden soll, in der vor- und nachgelagerten Phase erreicht werden kann. Der Workshop ist dabei in letzter Konsequenz also lediglich eine Station in einer Vielzahl von Gesprächen mit einzelnen oder mehreren Personen, die in einer Organisation geführt werden.

Aber wie bindet man den Workshop in einen umfassenden Interaktionsplan ein und wie führt man ihn so durch, dass er möglichst gut mit vor- und nachgelagerten Interaktionsformaten verbunden ist?

3.1 Das Anliegen verstehen: Die Kontraktgespräche

Am Anfang der Konzeption jedes Workshops steht dabei immer ein Anliegen: Ein sich im Organisationsalltag aufdrängendes Thema soll im Rahmen eines Workshops behandelt werden.

© Der/die Autor(en), exklusiv lizenziert an Springer Fachmedien Wiesbaden GmbH, ein Teil von Springer Nature 2023
S. Kühl und M. Nolte, *Workshops moderieren*,
https://doi.org/10.1007/978-3-658-40918-0_3

Unabhängig davon, wer Urheber des Anliegens ist, ob dieser den Workshop selbst durchführt oder andere damit beauftragt, die Moderation zu übernehmen, besteht der erste Schritt der Workshopkonzeption darin, dieses Anliegen zu verstehen. Dabei wird es nicht möglich sein, das Anliegen auf Anhieb genau zu beschreiben. Nicht selten wissen die Auftraggeber, anfangs selbst nicht genau, worum es ihnen genau geht. Es mendelt sich häufig erst im Laufe des Prozesses heraus, was die Stoßrichtungen der verschiedenen Interaktionen sind. Aber bei aller Kontingenz im Prozess, braucht man am Anfang eine erste Verständigung über mögliche Stoßrichtungen, um ins Arbeiten zu kommen.

Um sich dem Workshop anzunähern, haben sich in der Auftragsklärung eine Reihe von Fragen als heuristisches Tool bewährt: In welchem Kontext steht der Workshop? Was ist der Anlass für den Workshop? Wer genau sind die Auftraggeber? Was soll mit dem Workshop erreicht werden? Was muss vertieft diskutiert werden? Wen braucht man, um das Thema voranzubringen? Was für Interessen haben diese Akteure? Wie lange darf der Workshop dauern? Wer moderiert den Workshop? Abhängig von der eigenen Kenntnis der Organisation, der Involviertheit ins Thema oder bereits erfolgter Vorgespräche, wird man einige dieser Fragen bereits am Anfang der Konzeptionsphase beantworten können, zu anderen erste Ideen entwickeln, wieder andere hingegen vorerst unbeantwortet lassen müssen. Sowohl die Antworten, die man zu diesem Zeitpunkt bereits formulieren kann als auch die noch offenen Fragen stellen die Grundlage für nachfolgende Gespräche dar, in denen es gilt, das Anliegen im Dialog mit den betroffenen Organisationsmitgliedern weiter zu explorieren.

Im Falle einer Beauftragung interner oder externer Moderatoren, die den Workshop durchführen, stellt das *Kontraktgespräch* in der Regel den Auftakt dar. Dabei handelt es sich um ein Gespräch zwischen den Auftraggebern und den beauftragten Moderatoren. Es dient zum einen dazu, die Sicht des Auftraggebers zu verstehen: Was erhofft er sich? Was verbirgt sich hinter dem Auftrag? Wie weit geht die Bereitschaft zu handeln? Zum anderen dient es der Positionierung der Moderatoren: Was sind eigene Intentionen? Was wäre ein mögliches Vorgehen? Welche Erwartungen sind erfüllbar? Neben diesen Fragen gilt es ebenso, die wesentlichen Akteure für das fragliche Anliegen und die Teilnehmenden am Workshop zu identifizieren (siehe dazu Sperling et al. 2007: 167 ff.).

Bei der Durchführung des Kontraktgesprächs sollte man beachten, dass Auftraggeber oft ambivalent in ihren Vorstellungen sind – häufig wollen sie, dass etwas Neues entsteht, fürchten sich aber zugleich davor. Nicht selten ändern sie ihre Auffassungen im Laufe des Auftrags. Deshalb reicht selten ein einziges Gespräch, in dem sich die genannten Fragen abschließend beantworten ließen. Vielmehr ist es ratsam, im Verlauf der Vorbereitung mehrere Kontraktgespräche anzusetzen und in diesen das konkrete Anliegen immer genauer zu bestimmen und einzugrenzen.

3.2 Die Situation im Detail durchdringen: Die Sondierungsgespräche

Die Vorbereitung von Workshops erfolgt nicht in isolierter Denkarbeit der Moderatoren, sondern im Dialog mit Auftraggebenden und Teilnehmenden. Dabei sollte man zumindest mit einem Drittel der Teilnehmenden des Workshops Sondierungsgespräche von einer Stunde geführt haben, um einen Eindruck von den Positionen auf dem Workshop zu haben. Bei Workshops zu sensiblen Themen kann es sinnvoll sein, mit allen Teilnehmenden vorher Einzelgespräche geführt zu haben, um die mikropolitische Gemengelage verstehen und Konflikte antizipieren zu können.

Eine wichtige Funktion der vorbereitenden Gespräche besteht darin, die Teilnehmenden bereits vor dem Workshop ins Denken zu bringen, ihr Problemverständnis zu weiten und sie dazu anzuregen, sich schon im Vorfeld über die eigene Position in der Sache klar zu werden. Das hat zur Folge, dass im Workshop selbst häufig Ideen entwickelt oder Entscheidungen getroffen werden, die bereits im Vorfeld entstanden und entsprechend ausgereift sind.

In vorbereitenden Gesprächen lassen sich die Sichtweisen und Interessen der Teilnehmenden erkunden und auf diese Weise bereits im Vorfeld feststellen, wie viel Gestaltungsraum faktisch besteht und welche Vorschläge es sich während der Veranstaltung lohnt, zu diskutieren. Durch die Erkundung der Interessensverteilung in den vorbereitenden Gesprächen lässt sich die Dynamik im Workshop zum Teil schon im Voraus antizipieren und die Interaktionen entsprechend aufsetzen.

Die Erkenntnisse, die die Moderatoren in der Vorbereitungsphase sammeln, lassen sich für den Workshop aufbereiten und den Teilnehmenden dort in kondensierter Form präsentieren – dadurch spart man sich im Workshop Zeit, die es ansonsten braucht, um zunächst ein gemeinsames Ausgangsverständnis zu schaffen. Die eingesparte Zeit kann man dafür verwenden, um das Gespräch sehr schnell auf die kritische Punkte zu führen.

Bei den *Sondierungsgesprächen* handelt es sich um moderierte, dramaturgisch vorgeplante Gespräche von ca. 45 bis 60 Minuten mit einzelnen oder mehreren Personen aus den betroffenen Bereichen der Organisation. Ziel der Gespräche ist es, die Auffassungen und Interessen der Betroffenen zu verstehen: Welche Rolle haben sie in der Organisation? Wie sind sie vernetzt? Welche Interessen verfolgen sie voraussichtlich? Wie stehen sie zum Vorhaben des Auftraggebers? Welche Probleme sehen sie? Welche Ideen haben sie? Noch vor dem Gespräch sollte man erste Hypothesen zu diesen Fragen entwickeln. Als Ausgangspunkt dienen dabei stets die Organisation und die Verortung der Gesprächspartner in ihr. Mit Blick auf deren jeweilige Position lassen sich die durch Arbeitsteilung zwangsläufig ausbildenden „lokalen Rationalitäten" zum Teil bereits im Vorfeld antizipieren. Die auf diese Weise gewonnenen Hypothesen können dann im Laufe der Gespräche überprüft werden.

Insbesondere durch den Vergleich zwischen verschiedenen Sondierungsgesprächen und die sich abzeichnenden Unterschiedlichkeit der Perspektiven ergibt sich im Vorfeld ein immer genaueres Bild vom Anliegen. Das mit jedem Sondierungsgespräch zunehmende Kontextwissen sollte in den jeweils nachfolgenden Gesprächen stets in Rechnung gestellt und die Dramaturgie entsprechend angepasst werden. Um die in den

Einzelgesprächen entwickelten Handlungsideen zu prüfen und zu schärfen, kann es hilfreich sein, diese in anonymisierter Weise in nachfolgenden Gesprächen einzubringen und mit anderen Organisationsmitgliedern zu diskutieren. Auf diesem Wege lässt sich bereits ein recht genaues Bild davon verschaffen, welcher Handlungsspielraum faktisch besteht, von welchen Seiten bei welchen Vorschlägen mit Widerstand gerechnet werden muss und welche Themen tabuisiert werden.

Neben der thematisch-inhaltlichen Vorbereitung, der Schaffung von Sachverständnis und der Antizipation der Workshopdynamik besteht eine weitere Funktion der Sondierungsgespräche in der Vorstellung der Moderatoren und der Etablierung eines Arbeitsbündnisses mit den Teilnehmenden. Dies ist besonders wichtig, wenn es sich um externe Moderatoren handelt, die den Teilnehmenden noch nicht bekannt sind. Doch auch, wenn die Moderation des Workshops von internen Mitarbeitenden übernommen wird, ist diese Phase wichtig, um sich auf das gemeinsame Arbeiten einzustimmen. Durch die Vorgespräche wird ein gemeinsames Problemverständnis geschaffen. Es wird sichergestellt, dass die Perspektiven auch von den Akteuren gehört und einbezogen werden, die sich im Workshop selbst eher zurückhalten. Wenn bei den Teilnehmenden bereits in den Vorgesprächen ein fundierteres Problembewusstsein geschaffen wird und gleichzeitig eigene Einflussmöglichkeiten aufgezeigt werden, steigt in der Regel die Akzeptanz der Veranstaltung.

Bei einer Vielzahl von Sondierungsgesprächen geraten deren jeweiligen Inhalte und Schwerpunktsetzungen leicht in Vergessenheit. Im Nachhinein fällt es zudem häufig schwer, gehörte Argumente personell zuzuordnen; die gesammelten Erkenntnisse verschmelzen zu einem undifferenzierten Ganzen, dessen Konturen und Widersprüche man schnell aus dem Blick verliert. Um diesen Effekt zu vermeiden, stellt eine gründliche Dokumentation aller Gespräche eine unerlässliche Notwendigkeit dar. Da der Teufel bekanntlich im Detail steckt, sollte man sich hierbei nicht auf das gelegentliche Notieren von Stichpunkten oder das den Gesprächen zeitlich nachgelagerte Festhalten zentraler Erkenntnisse beschränken. Daher wird nicht erst im Workshop selbst, sondern bereits in den Vorgesprächen auf das Mittel der Visualisierung zurückgegriffen. Sämtliche vorbereitende Gespräche werden sowohl im digitalen als auch analogen Verfahren simultan und für alle Gesprächsteilnehmenden ersichtlich mitgeschrieben. Im Anschluss an das Gespräch können die entstandenen Visualte mit Bitte um Durchsicht notwendiger Korrektur oder Ergänzung an die jeweiligen Gesprächspartner verschickt werden.

Neben der Dokumentation der Gespräche, die die Grundlage für deren anschließende Auswertung und die Erstellung einer Dramaturgie darstellt, dient Visualisierung also zur Verständigung im Gespräch (siehe dazu Klebert et al. 1996). Dadurch, dass die Gesprächspartner ihre Aussagen mitvisualisiert sehen, können sie diese unmittelbar überprüfen, ob sie sich richtig verstanden fühlen und reagieren, sollte dem nicht so sein. Manchmal kann es sinnvoll sein, die Gesprächspartner immer wieder auf die mitgeschriebenen Überlegungen hinzuweisen und zu darum zu bitten, zu ergänzen und zu korrigieren. Manchmal kommen die Gesprächspartner so in Fahrt, dass es sinnvoll ist den Redefluss nicht zu unterbrechen und nur an zentralen Stellen das Gespräch zu unterbrechen, um vorzulesen, was man mitgeschrieben hat und zu fragen, ob das korrekt und vollständig ist (siehe zur Visualisierung Lahg 2016; Nolte 2022).

Da das parallele, für alle ersichtliche Mitvisualisieren für Gesprächspartner, die damit noch keinerlei Erfahrungen haben, zunächst befremdlich sein kann, sollte der Zweck der Visualisierung eingangs kurz erläutert werden. Um die notwendige Vertraulichkeit zu schaffen, sollte versichert werden, dass die Mitschrift ausschließlich der Vorbereitung des Workshops dient, in den Händen der Moderatoren bleibt und Aussagen im Workshop lediglich in einer Form wiedergegeben werden, die keinen unmittelbaren Rückschluss auf deren Urheberschaft zulässt.

3.3 Das Drehbuch schreiben: Die Erstellung einer Workshop-Dramaturgie

Die Kontrakt- und Sondierungsgespräche dienen der Vorbereitung der Dramaturgie, dem Ablaufplan des Workshops. Um sicherzustellen, dass die zentralen Erkenntnisse der Sondierungsgespräche identifiziert werden und Eingang in die Konzeption des Workshops finden, sollten die entstandenen Mitschriften systematisch ausgewertet werden. Die Auswertung beginnt dabei nicht erst nach Abschluss aller Gespräche, sondern sollte bereits nach dem ersten geführten Gespräch beginnen und parallel zur Erhebung weiterer Materials stattfinden. Anhand der unmittelbaren Eindrücke und des entstandenen Visulats sollten nach jedem Gespräch erste Hypothesen generiert werden, die man in dieser Phase nochmal heranziehen sollte. Diese lassen sich dann in den Folgegesprächen und durch Quervergleiche im Material bestätigen, modifizieren oder verwerfen. Durch einen iterativen Auswertungsprozess kommt man so zu einem immer detaillierten, tiefenschärferen Verständnis des Anliegens. Insbesondere die Fragen zu den Interessen der Akteure, der Zielsetzung des Workshops und den Vertiefungsthemen, welche man vor den Gesprächen gewöhnlich noch nicht beantworten kann, sollten nun im Fokus stehen.

Besonders interessante, wichtige oder Irritation auslösende Aussagen in den Sondierungsgesprächen werden bei der Auswertung als „Fundstellen" im Material markiert. Es kann hilfreich sein, besonders prägnante Stellungnahmen, provokative Zuspitzungen oder präzise Problembeschreibungen gezielt im Workshop einzustreuen. Dadurch wird der Workshop-Diskurs zurückgebunden an die in den Sondierungsgesprächen geäußerten Beschreibungen der Teilnehmenden, die sich in den Äußerungen wiederfinden. Besonders aufschlussreich sind im Auswertungsprozess widersprüchliche Aussagen und abweichende Ansichten, weil hier wichtige Hinweise für die im Workshop zu vertiefenden Fragestellungen liegen können.

Die Ergebnisse des Kontraktgesprächs und die Auswertung der Sondierungsgespräche stellen die Grundlage für die Konzeption der Dramaturgie dar. Bei der Dramaturgie handelt es sich um eine vorgedachte Folge von Sage- und Frageelementen, die dazu dient, die Kommunikation im Workshop zu strukturieren. In ihr werden die vier idealtypischen Phasen eines Workshops – Einführung, Problemstellung, Vertiefung und Abschluss– entlang einer Kombination aus verschiedenen Interaktionstechniken vorgeplant. Sie stellt eine Art Drehbuch für die Diskussionen dar.

Es lassen sich idealtypisch zwei Arten von Dramaturgien unterscheiden. In einer geschlossenen Dramaturgie werden alle Sage- und Frageelementen vor Beginn der Veranstaltung ausformuliert. Es existiert also ein genaues Text- und Drehbuch der Diskussion. Die Zeit für die Diskussion lässt sich so genau vorausberechnen. Eine geschlossene Dramaturgie eignet sich, wenn man zum Beispiel bei der mehrfachen Durchführung desselben Workshopkonzepts durch unterschiedliche Moderatoren eine hohe Standardisierung will. Bei einer offenen Dramaturgie wird lediglich die Eröffnungssequenz, die Sequenz der Problemaushebung und einige Inputposter vorher formuliert und die Instrumente dafür bestimmt. Für den weiteren Verlauf hält man Regeln bereit, um die Dramaturgie am Prozess zu entwickeln. Eine offene Dramaturgie eignet sich insbesondere für die Exploration von Problemfeldern. Je nachdem, welches Ziel mit dem Workshop-Konzept im Veränderungsprozess erreicht werden soll, kann man eher ein geschlossenes oder eher ein offenes Workshopkonzept wählen. In den meisten Fällen wird es eine Mischform sein.

Bei der Erstellung einer Dramaturgie geht man vor wie beim Verfassen eines Artikels: Man beginnt mit dem Hauptteil. Im Workshop setzt sich der Hauptteil aus der Identifikation der Problemstellung und der Vertiefung zusammen. Dies sind die Phasen, in denen die Teilnehmenden zu den vorab oder während des Workshops identifizierten Themen Ideen entwickeln. Im Anschluss an die Erarbeitung der Vertiefung folgt die Vorbereitung des Workshop-Abschlusses. Erst ganz zum Schluss wird die Einführung der Veranstaltung mit einer Hinführung zum

Thema und der Erstellung eines Titelposters, aus dem der zeitliche Ablauf der Veranstaltung sowie die vorbereiteten Themenblöcke hervorgehen sollten, vorbereitet.

Die Dramaturgiearbeit für einen Workshop besteht zu einem erheblichen Teil darin, stimulierende Thesen, interaktionsauslösende Fragen, Inputs mit den Ergebnissen aus den Vorgesprächen und Kleingruppenphasen zu entwickeln. Über die präzise Erarbeitung der Interaktionselemente wird festgelegt, worum im Workshop gerungen werden soll. Wenn die einzelnen Interaktionselemente entwickelt worden sind, ist es wichtig, diese nicht nur unter inhaltlichen Gesichtspunkten miteinander zu verknüpften, sondern auch die Interaktionsdynamik im Workshop im Blick zu haben. Gerade mit Blick auf die Interaktionsdynamik macht es Sinn, zwischen Informationsinputs, Thesen, Fragenelementen und Kleingruppenphasen zu wechseln.

Bei dieser Entwicklung lohnt es sich, in der Vorbereitung auf ein hohes Maß an Präzision zu achten. Leichte Veränderungen in den Formulierungen der Interaktionselemente oder Arbeitsanweisungen können zu anderen Nuancierungen in der Diskussion führen. Genau formulierte Interaktionselemente bieten jenseits der zu Beginn des Workshops präsentierten Zielsetzung eine Orientierung darüber, was im Workshop getan werden soll. Sie reduziert die Unsicherheit, worum es in der Interaktion genau gehen soll, erspart den Moderatoren spontan nachschärfen zu müssen und ermöglicht es den Teilnehmenden, sofort ins Arbeiten zu kommen.

Nach der Erarbeitung der verschiedenen Interaktionselemente müssen diese visuell aufbereitet werden. Diese kann über Flipcharts, Poster oder Computer erfolgen. Auf einem Titel werden der zeitliche Ablauf der Veranstaltung und die Gesprächsregeln dargestellt. Es empfiehlt sich, dies für die Gesamtdauer des Workshops für alle sichtbar im Raum zu halten. Um einen guten Ausgangspunkt für Diskussionen zu schaffen, werden die Erkenntnisse aus den Kontrakt- und Sondierungsgesprächen visuell zusammengefasst, die in der Phase der Problemstellung präsentiert werden. Durch die Konzentration auf die zentralen Punkte und eine ausgewogene Darstellung der verschiedenen Ansichten, die auf den Input-Postern nachlesbar abgebildet werden, lassen sich im Workshop zähe Anfangsdiskussionen vermeiden und ein rasches gemeinsames Ausgangsverständnis aller Teilnehmenden schaffen. Wenn für das Workshopsanliegen sinnvoll, können weitere Informationsvisulate zur Wissenseingabe vorbereitet werden.

3.4   Durch die Veranstaltung führen: Die vier Phasen eines Workshops

Sobald die Dramaturgie feststeht, kann der Workshop durchgeführt werden. Nach dem hier vertretenen Verständnis des Formats setzt sich jeder Workshop aus vier idealtypischen Phasen zusammen: Einführung, Problemstellung, Vertiefung und Abschluss. Insgesamt sollte dafür mindestens ein halber Arbeitstag, das heißt etwa dreieinhalb Stunden eingeplant werden. Steht ein größeres Zeitbudget zur Verfügung, lassen sich die Phasen wiederholen. Bei einem zweitägigen Workshop empfiehlt es sich etwa, bereits zu Ende des ersten Tages eine Abschlussphase durchzuführen, in der ein Zwischenfazit gezogen wird. Man kann dann auf die Themenschwerpunktsetzung für den zweiten Tag hinweisen oder verkünden, dass die nächsten Schritte noch offen sind, weil diese nach einer Abstimmung mit dem Auftraggeber „über Nacht" noch erarbeitet werden müssen. Anstatt am zweiten Tag direkt „in medias res" zu gehen und nahtlos an die Arbeit des vorangegangenen Tages anzuschließen, sollte auch dieser mit einer Einführung starten, um die Teilnehmenden zurück ins Thema zu holen und die Tagesziele zu verdeutlichen.

Der Workshop beginnt bereits vor der Einführung. Bereits mit dem Eintreffen der ersten Teilnehmenden startet die Veranstaltung. Hier kommt es darauf an, die übliche anfängliche Unsicherheit zu Beginn eines Workshops zu nehmen. Dies geschieht dadurch, dass Orte des „legitimen Rumstehens" geschaffen werden. Es wird schon vor dem Workshop Kaffee und Tee angeboten, nicht nur als Geste der Höflichkeit, sondern auch um im Vorfeld eine „Aktivität" anzubieten. Statt vorgefertigte Namensschilder auszulegen, schreiben die Teilnehmenden ihre Namen selbst auf Klebestreifen. Es stehen auf

Moderationswänden Teilnehmerlisten bereit, in denen sich die Teilnehmenden allgemein sichtbar nicht nur mit ihrem Namen, sondern auch mit ihrer Zugehörigkeitsdauer zur Organisation, ihrer Verortung innerhalb der Organisation und laufenden Projekten eintragen, und bieten so anderen die Möglichkeit, mit ihnen schon vor dem Workshop ins Gespräch zu kommen.

Sobald alle Teilnehmenden sich an ihren Plätzen eingefunden haben, startet der Workshop im Plenum mit der *Einführung*. Nach einer kurzen persönlichen Vorstellung stellen die Moderatoren das vorbereitete Programm und den Zeitplan anhand des Titelposters vor. Der Zeitplan auf dem Titelposter ist dabei weniger umfänglich als die Dramaturgie und umfasst lediglich die groben thematischen Blöcke der Veranstaltung. Dadurch lassen sich auch im Verlauf der Veranstaltung noch kleine dramaturgische Änderungen vornehmen, ohne dass der vorgestellte Zeitplan dadurch hinfällig wird. In dieser Phase werden die Gesprächsregeln für den Workshop erläutert, auch um sich als Moderator während es Workshops darauf berufen zu können. Als Einstieg in den Workshop bietet sich eine These an, zu der sich alle Teilnehmenden durch das Setzen eines Klebepunktes verhalten sollen und die es den Moderatoren ermöglicht, sich schnell Pro- und Kontraargumente zurufen zu lassen. Durch die These soll ein inhaltlicher Bezug zum Workshopsthema hergestellt werden, aber nicht schon die Diskussion des eigentlichen Themas vorweggenommen werden. Vielmehr geht es darum, einen Einstieg zu schaffen, der die Teilnehmenden ins Reden bringt, sie mit der Methodik der Visualisierung und den Gesprächsregeln vertraut macht sowie gleichzeitig Aufmerksamkeit und Spannung für die Workshopthematik herstellt.

Im Anschluss an die Einführung gilt es, eine *Problemstellung* zu formulieren. Dazu werden die Erkenntnisse aus den Sondierungsgesprächen durch die Moderatoren vorgestellt. Die Teilnehmenden haben dabei die Möglichkeit, anhand vorbereiteter interaktionsauslösenden Fragen auf Unklarheiten hinzuweisen, Ergänzungen vorzunehmen oder einzelne Aussagen infrage zu stellen. Diese Phase ist wichtig, weil in ihr nicht nur die interaktionelle Verbindung zwischen Sondierungsgesprächen und dem Workshop, sondern auch die Grundlage für ein gemeinsames Verständnis geschaffen wird. Auf das so interaktionell hergestellt gemeinsame Ausgangsverständnis lässt sich in den anschließenden Plenumsphasen aufsetzen. Mittels vorher vorbereiteter Frage wird die genaue Problemstellung im Anschluss entfaltet. Die Antworten der Teilnehmenden werden von den Moderatoren auf Flipcharts, Pinnwänden oder Bildschirmen gesammelt. Aus den sich dabei entstehenden thematisch zusammenhängenden Themenclustern werden einige für eine Bearbeitung in der Vertiefungsphase ausgewählt.

Die auf diesem Wege ausgewählten Themen werden in der *Vertiefung* entlang von Fragen, die die Teilnehmenden auf Handlung orientieren, bearbeitet. Meist lassen sich die Themen, die in der Phase der Problemstellung identifiziert werden, auf Grundlage der Kontrakt- und Sondierungsgespräche bereits zum Zeitpunkt der Erstellung der Dramaturgie antizipieren. Ist dies der Fall, lassen sich schon im Vorfeld einige Fragen vorformulieren und auf Flipcharts, Postern oder Bildschirmen vorbereiten. Sollten diese zu den in der Phase der Problemstellung identifizierten Themen passen, können die Moderatoren sie den Teilnehmenden zur Bearbeitung anbieten. Ist dies nicht der Fall, müssen diese Fragen gemeinsam mit den Teilnehmenden im Workshop entwickelt werden. Je nach Zeitbudget und Anzahl der Teilnehmenden behandeln diese die Fragen im Anschluss entweder im Plenum oder – bevorzugterweise – in Kleingruppen.

Abhängig von der Anzahl der Teilnehmenden sollten die Gruppengrößen schon im Vorfeld des Workshops festgelegt werden; bestenfalls arbeiten drei bis fünf Personen an einem Thema. Um inhaltliches Interesse am Thema und engagierte Mitarbeit sicherzustellen, wird die Zuordnung zu den Themen den Teilnehmenden selbst überlassen. Den identifizierten Themen können sie sich beispielsweise zuordnen, indem sie ihre Namen auf kleine Moderationskarten schreiben und diese an der entsprechenden Stelle auf dem Poster oder Flipchart mit den Themenclustern anpinnen oder ankleben lassen. Sollte sich eine ungünstige Verteilung auf die Gruppen ergeben, müssen die Moderatoren zum Beispiel mit Verweis auf die Relevanz der bisher von den Teilnehmenden ignorierten Themen oder eine für die Arbeitsfähigkeit notwendige Gruppengröße nachjustieren. Manchmal ist es sinnvoll, einzelne Teilnehmende direkt anzusprechen und so eine ungefähre Gleichverteilung über die Gruppen herzustellen.

Wenn die Kleingruppenverteilung feststeht, finden sich die Gruppen im Raum zusammen. Um Desorientierung und eine zu lange Anlaufphase zu vermeiden, weisen die Moderatoren den Gruppen ihren Arbeitsplatz zu und statten sie mit ausreichendem Arbeitsmaterial, mit dem sie ihre Diskussionen und Ergebnisse visualisieren, aus. Wenn irgendwie möglich, sollten die Kleingruppen dabei im gleichen Raum bleiben, weil die wechselseitige Wahrnehmung des Arbeitsfortschritts sich auf den Arbeitsumfang und das Tempo auswirkt. Da der Hörsinn weniger selektive Steuerung zulässt als der Sehsinn, sollte gleichzeitig sichergestellt werden, dass ausreichend physische Distanz zwischen den Gruppen besteht, damit die Diskussionen der anderen nicht zu stark ablenken.

Die thematische Arbeit in den Kleingruppen erfolgt entlang konkreter Arbeitsanweisungen. Klare Arbeitsaufträge und eine vorher definierte Fragefolge stellen sicher, dass die Teilnehmenden schnell ins Arbeiten kommen und sich nicht erst noch darauf verständigen müssen, wie man vorgeht. Eine Fragefolge besteht aus zwei bis drei Fragen und trägt maßgeblich dazu bei, die Diskussion in den Kleingruppen zu untergliedern und zu vertiefen. Sie regt die Teilnehmenden dazu an, in verschiedene Richtungen zu denken und hält die Diskussion gleichzeitig nah am Thema und Gesprächsziel. Ausgehend von der Thematik und der vorliegenden Leitfrage haben sich unterschiedliche Fragefolgen wie „Was steckt dahinter? Wie könnte es gehen?", „Welche Mängel gibt es? Welche Ideen helfen weiter?" oder „Was spricht dafür? Was spricht dagegen?" bewährt. Lassen sich die Themen für die Vertiefung in der Kleingruppenarbeit bereits im Vorfeld antizipieren, können die Moderatoren die Arbeitsanweisungen und Fragefolgen bereits im Zuge der Erstellung der Dramaturgie formulieren und entsprechend vorbereiten. Sollten im Workshop hingegen Themen identifiziert werden, die man nicht vorhergesehen hat, sollten die Moderatoren die Gruppe dennoch keinesfalls sich selbst überlassen, sondern

noch vor Beginn der Kleingruppenarbeitsphase präzise Arbeitsanweisungen formulieren, die auf einem oder mehreren Flipcharts oder Postern, die den Gruppen mitgegeben werden, notiert
werden. Um sicherzustellen, dass auch in der Kleingruppenphase
zielführend diskutiert wird und keine Beiträge verloren gehen,
können die Moderatoren die Gruppen gelegentlich an das Mitvisualisieren ihrer Gespräche erinnern.

Im Anschluss an die Kleingruppenarbeit erfolgt die *Rückführung* der Ergebnisse ins Plenum. In dieser Phase gehen die
in der Kleingruppenphase entwickelten Ideen durch das „Fege-
feuer" der Einschätzung durch alle Teilnehmenden. Dafür
stellen alle Gruppen ihre Ergebnisse reihum vor. Die Diskussion im Plenum kann, je nach Zeitbudget, unterschiedlich
umfänglich ausfallen. Fehlt für eine ausführliche Diskussion
die Zeit, kann man sich auf einfache Nachfragen, die nicht
mitvisualisiert werden, beschränken. Bei einer umfassenden
„Blitz-Diskussion" markieren die Teilnehmenden während der
Präsentation, wo sie Nachfragen oder Einwände haben. Nach
Abschluss der Präsentation werden die Nachfragen oder Einwände nacheinander diskutiert und die Fragen oder Argumente
des Plenums ergänzt. Die Kleingruppe und das Plenum haben
dann die Möglichkeit, darauf zu reagieren und die Diskussion
fortzuführen. In beiden Vorgehensweisen geht es darum, die
Ergebnisse aus den einzelnen Kleingruppen im Plenum nach-
zuschärfen und auf diese Weise zu vergemeinschaften. Es ist
wiederum die Aufgabe der Moderatoren durch Nachfragen und
ggf. eigene Stellungnahmen sicherzustellen, dass die Klein-
gruppenergebnisse in notwendiger Ausführlichkeit vorgestellt
und Zweifeln ausgesetzt werden.

An die Rückführung der Kleingruppenarbeit ins Plenum
schließt die *Ergebnissicherung* an. In dieser gilt es, zentrale
Ergebnisse der Präsentationen und Anschlussdiskussionen fest-
zuhalten. Hierfür gibt es wiederum verschiedene Vorgehensweisen. Eine Variante besteht darin, die Teilnehmenden auf den
Flipcharts oder Postern mit Klebepunkten Fundstellen markieren
und so wesentliche Aussagen, Resultate oder Anregungen für

die weitere Behandlung der Thematik herausstellen zu lassen. In einer anderen Variante, dem „Walkaround" in Minigruppen, werden die auf Postern oder Flipcharts fixierten Ergebnisse der Kleingruppen im Raum verteilt aufgestellt. Dann laufen jeweils zwei bis drei Teilnehmende zusammen von Poster zu Poster oder Flipchart zu Flipchart und diskutieren, welche Ideen und Vorschläge festgehalten werden sollten. Ihre Überlegungen notieren sie auf Karten, die später im Plenum diskutiert werden. Bei einer weiteren Variante, der Zuruffrage zur Ergänzung, bleiben die Teilnehmenden im Halbkreis sitzen, während die Moderatoren nach jeder Präsentation weitere Vorschläge und Ideen der Teilnehmenden auf Zuruf notieren und ergänzen. Wenn es im Anschluss an die Präsentationen gilt, eine Auswahl zu treffen – etwa zwischen verschiedenen Handlungsoptionen oder Konzeptvorschlägen – bietet sich eine Gewichtungsfrage an. Wurden bereits konkrete Handlungsschritte identifiziert, kann man für diese „Kümmerer", verantwortliche Personen, bestimmen.

Nach Abschluss der Vertiefungsphase und der Vergemeinschaftung der Ergebnisse durch das Plenum gilt es, den Workshop gemeinsam abzuschließen. Die *Abschlussphase* dient dazu, die Teilnehmenden auf die Weiterarbeit an der Workshopthematik einzustimmen, indem etwa zentrale Erkenntnisse nochmal hervorgehoben oder beschlossene Handlungsschritte in Erinnerung gerufen werden. Bewährt hat sich hierfür beispielsweise das „Blitzlicht", bei dem die Teilnehmenden, wenn sie wollen, ein knappes, abschließendes Statement formulieren können. Da es in dieser Phase nicht mehr um inhaltliche Arbeit oder die Fortsetzung von Kontroversen geht, werden diese Statements von den anderen Teilnehmenden nicht kommentiert. Die Moderatoren schließen die Veranstaltung durch ihr Schlusswort, indem sie sich für die Zusammenarbeit bedanken und auf weitere Schritte – wie die Zusendung des Fotoprotokolls oder Anschlusstermine – verweisen.

3.5   Die Umsetzung sicherstellen: Die Auf- und Nachbereitung des Workshops

Um sicherzustellen, dass die Ergebnisse des Workshops im Organisationsalltag zum Tragen kommen, sollte der Gesprächsstrang, der sich durch die Vorbereitungs- und Durchführungsphase des Workshops zieht, auch nach der Veranstaltung fortgesetzt werden. Die Anfertigung von Tätigkeitslisten am Ende eines Workshops reicht in der Regel nicht aus, damit dieser Effekte in Form von Strukturveränderungen in der Organisation hat.

Grundlage für die anschließenden Gespräche ist die genaue Auswertung der Materialien, die während des Workshops entstanden sind. Diese Auswertung stellt sicher, dass man sich beim weiteren Vorgehen nicht auf die zum Ende der Veranstaltung – zumeist unter Zeitdruck – entstandenen Ergebnisse beschränkt, sondern die gesamte Breite und Tiefe der Diskussionen im Blick behält und bei den Gesprächen aufgreifen kann.

Häufig zeichnet sich eine tragfähige Entscheidung erst ab, nachdem etwas Zeit verstrichen ist und das Geschehen im Workshop nochmals im Rahmen von Gesprächen in kleineren Konstellationen reflektiert werden konnte. Häufig macht es Sinn, den Entscheidungsdruck in der Workshopsituation herauszunehmen, weil die unter Zeitknappheit getroffenen Entscheidungen in den Workshops nicht Bestand haben. Die nachbereitenden Gespräche gerade mit den für die formale Umsetzung Zuständigen führen zu Entscheidungen, die nachhaltigere Strukturveränderungen zur Folge haben.

> **Die Probleme beim Verzicht auf eine Auswertungs- und Nachbereitungsphase**
>
> Wo die Auswertungs- und Nachbereitungsphase ausbleibt, ist die Gefahr groß, dass die Ergebnisse des Workshops – obwohl sie zur Zufriedenheit aller Beteiligten waren – keine nachhaltige Wirkung entfalten. Die Folgen mangelnder Nachbereitung konnten wir beispielsweise in einem Projekt eines

großen Automobilherstellers, welcher seinen internationalen Flottenvertrieb durch eine bessere Abstimmung der verschiedenen, dem Konzern zugehörigen Marken optimieren wollte. Für ein zwischen den Untermarken koordinierteres Zugehen auf Händler und Großkunden mussten sich insbesondere die Konzernzentrale und die Länderorganisationen besser abstimmen.

In einem Workshop trafen sich daher Vertreter aus der Zentrale und einer Länderorganisation des Konzerns, um zu beraten, wie man den Markt zukünftig besser bespielen kann. Mit dem im Rahmen des Workshops erarbeiteten Konzepts war man zufrieden. Von der Notwendigkeit einer ausführlichen Auswertung und Nachbereitung des Workshops ließ sich der Auftraggeber indes nicht überzeugen und verpasste damit die Chance, aus dem Workshop wichtige Erkenntnisse für die eigene Führungsarbeit zu ziehen.

Getreu des Mottos „die sollen mal machen" ging die Zentrale davon aus, dass die entsprechende Länderorganisation ihre Vorgaben durch ihre im Workshop erfolgte Aktivierung in Zukunft umsetzen würde. In dieser schlich sich jedoch rasch nach dem Workshop bereits wieder die Routine ein und die erarbeiteten Ergebnisse gerieten schnell in Vergessenheit (siehe zu dem Fall Heilmann et al. 2022: 37). ◀

Besonders bei komplexeren Vorhaben hat man es mit einem langsam anwachsenden und dann zum Ende eines Vorhabens abebbenden Fluss aus Sondierungsgesprächen, Mini-Treffen, Workshops, Webkonferenzen, Großkonferenzen und Nachbereitungsgesprächen zu tun. Die einzelnen Interaktionsformate dienen auf dem Höhepunkt des Projekte immer sowohl zur Auswertung und Reflexion vorher stattgefundener Interaktionen als auch zur Vorbereitung der nächsten Interaktionen.

Zwar kann man zu Beginn eines Veränderungsprozesses ein grobes Gespür dafür entwickeln, wann auf welche Interaktionsformate zurückgegriffen wird, aber eine detaillierte Planung zu Beginn ergibt wenig Sinn. So bildet sich erst in den

Die Funktion des Workshops im Interaktionsplan

4

Workshops stehen in Organisationen stets im Zusammenhang mit ihnen vor- und nachgelagerten Interaktionen. Sie lassen sich daher eher als Teil einer auf organisationale Veränderung zielenden Interaktionsplan denn als für sich stehende Einzelereignisse verstehen. Sollen Workshops Wirkung über die konkrete Veranstaltung hinaus entfalten, muss dieses prozesshafte Verständnis notwendigerweise der Konzeption von Workshops zugrunde gelegt werden. Insbesondere dort, wo mit Workshops Einwirkung auf grundlegende organisationale Strukturen angestrebt wird, müssen sie in eine umfassendere Veränderungsarchitektur eingebettet sein.

Schon die Bezeichnung von Sondierungsgesprächen als Interaktionsformate zur Vor- und Nachbereitung zu Workshops ist unpräzise. Mit der Bezeichnung als Vor- und Nachbereitung wird suggeriert, dass die Gespräche nur durchgeführt werden, um ein Gelingen des Workshops sicherzustellen. Dabei haben die Einzelgespräche einen Eigenwert jenseits des Workshops. In diesem dyadischen Setting können die Gesprächspartner ihre Positionen darstellen, eigene Überlegungen prüfen und neue Ideen entwickeln. Durch die Verzahnung der Gespräche wird ermöglicht, dass die Teilnehmenden aufeinander Bezug nehmen, ohne dass sie gemeinsam in einem Raum sitzen müssen. Es entsteht ein sich aus verschiedenen, sich aufeinander beziehenden Selbstbeschreibungen bestehendes Bild der Organisation, das

S. Kühl und M. Nolte, *Workshops moderieren,* https://doi.org/10.1007/978-3-658-40918-0_4

allein schon als Grundlage für Veränderungsprozesse dienen kann.

Aus der zentralen Bedeutung der Sondierungsgespräche in Veränderungsprozessen sollte jedoch nicht der Fehlschluss gezogen werden, dass man auf den Workshop gänzlich verzichten könne, weil die buchstäblich entscheidende Phase ja bereits im Vorfeld stattfindet und die Veranstaltung selbst somit nur noch als „Ratifizierungsgremium" bereits getroffener Entscheidungen erscheint. Schon als Anlass- und Bezugspunkt für die vor- und nachgelagerten Interaktionen erfüllt die Veranstaltung weiterhin wichtige Funktionen. Die Durchführung der vorbereitenden Gespräche lässt sich mit dem Hinweis auf einen anstehenden Workshop einfacher begründen. Für Moderatoren wie auch die Teilnehmenden fungiert das Veranstaltungsdatum zudem als Frist, bis zu der sie bestimmte Vorbereitungen abgeschlossen haben und ihren Standpunkt darlegen können müssen. Allein das Wissen darum, dass man die eigene Position im Rahmen einer besonders gerahmten Ausnahmeveranstaltung darlegen und verteidigen können muss, setzt Ressourcen und Anstrengungen frei, die sich beim Verzicht auf das Treffen schwerlich erreichen ließen. Schließlich hat der Workshop eine legitimierende Funktion, in der die bereits im Vorfeld angestoßenen Ideen einzelner von allen diskutiert und im Anschluss angenommen oder verworfen werden.

Aber jenseits der Funktion zur Legitimierung und Strukturierung von Sondierungsgesprächen haben Workshops aufgrund ihrer eigenen Interaktionsdynamik zentrale Funktionen im Rahmen von Veränderungsprozessen. Hier können die vorher herausgearbeiteten lokalen Rationalitäten der verschiedenen Akteursgruppen miteinander konfrontiert werden und so die gegenseitige Wahrnehmung geschärft werden. Im besten Fall kann dadurch ein Minimum an Vertrauen entstehen, weil man die Beweggründe anderer besser nachzuvollziehen lernt und sie mit den eigenen Motiven in Beziehung setzen kann. In Workshops können sich Möglichkeiten zur Verständigung ausbilden, die ohne eine gut vorbereitete Interaktion in einem Workshop nicht hätten entstehen können. Und manchmal braucht man einen Workshop – häufig auch mehrere Workshops – um den

Teilnehmenden zu ermöglichen, in Veränderungsprozessen ihre eigene Macht anzudeuten und die von anderen einschätzen zu können.

Literatur

Beermann, Susanne/Monika Schubach (2013), *Workshops. Vorbereiten, durchführen, nachbereiten*, Freiburg: Haufe-Lexware.

Cohen, Michael D./James G. March/Johan P. Olson (1972), A Garbage Can Model of Organizational Choice, *Administrative Science Quarterly*, Jg. 17, S. 1–25.

Doppler, Klaus/Christoph Lauterburg (2002), *Change Management. Den Unternehmenswandel gestalten*, 10. Aufl., Frankfurt a. M./New York: Campus.

Edmüller, Andreas/Thomas Wilhelm (2015), *Moderation*, 6. Aufl., Stuttgart: Haufe.

Freimuth, Joachim/Thomas Barth (2014), Workshop- und Sitzungsmoderation als Handwerk und Mundwerk, in: Joachim Freimuth/ Thomas Barth (Hg.), *Handbuch Moderation. Konzepte, Anwendungen und Entwicklungen*, Göttingen: Hogrefe, S. 123–140.

Goffman, Erving (1971a), Techniken der Imagepflege, in: Erving Goffman (Hg.), *Interaktionsrituale*, Frankfurt a. M.: Suhrkamp, S. 10–53.

Goffman, Erving (1971b), *The Presentation of Self in Everyday Life*, London: Penguin.

Goffman, Erving (1971c), Über Ehrerbietung und Benehmen, in: Erving Goffman (Hg.), *Interaktionsrituale*, Frankfurt a. M.: Suhrkamp, S. 54–105.

Goffman, Erving (1983), *Wir alle spielen Theater. Die Selbstdarstellung im Alltag*, München: Piper.

Graham, Bob (2014), Moderation und Führung: zwei konträre Rollenanforderungen, *Gruppendynamik und Organisationsberatung*, Jg. 45, H. 2, S. 127–139.

Heilmann, Jan/Andreas Hermwille/Stefan Kühl/Mascha Nolte (2022), Das Davor und das Danach sind wichtiger als der Workshop selbst, *Wirtschaft + Weiterbildung*, H. 9, S. 34–37.

© Der/die Herausgeber bzw. der/die Autor(en), exklusiv lizenziert an 53
Springer Fachmedien Wiesbaden GmbH, ein Teil von Springer Nature 2023
S. Kühl und M. Nolte, *Workshops moderieren*,
https://doi.org/10.1007/978-3-658-40918-0

Kieserling, André (1999), *Kommunikation unter Anwesenden*, Frankfurt a. M.: Suhrkamp.

Kieserling, André (2002), *Öffentlichkeit als Zensurmechanismus*, München: Unveröff. Ms.

Klebert, Karin/Einhard Schrader/Walter Straub (1996), *Moderationsmethode. Gestaltung der Meinungs und Willensbildung in Gruppen, die miteinander lernen und leben, arbeiten und spielen*, 7. Aufl., Hamburg: Windmühle.

Königswieser, Roswita/Alexander Exner (1998), *Systemische Intervention. Architekturen und Designs für Berater und Veränderungsmanager*, Freiburg: Schäffer-Poeschel.

Kühl, Stefan (2007), Formalität, Informalität und Illegalität in der Organisationsberatung. Systemtheoretische Analyse eines Beratungsprozesses, *Soziale Welt*, Jg. 58, S. 269–291.

Kühl, Stefan (2022), *Der ganz formale Wahnsinn. 111 Einsichten in die Welt der Organisationen*, München: Vahlen.

Lahg, Wiebke (2016), *Aufschreiben · Anpinnen · Amnesie? Verstehensprozesse und Bedeutungskonstitution in moderierten Gesprächen*, 1. Auflage, Herzogenrath: Shaker.

Leão, Anja/Mathias Hofmann (Hg.) (2007), *Fit for Change. 44 praxisbewährte Tools und Methoden im Change für Trainer, Moderatoren, Coaches und Change Manager*, Bonn: ManagerSeminare-Verlag.

Lienhart, Andrea (2019), *Seminare, Trainings und Workshops lebendig gestalten*, 3. Aufl., Freiburg: Haufe-Lexware.

Lipp, Ulrich/Will Hermann (2004), *Das große Workshop-Buch. Konzeption, Inszenierung und Moderation von Klausuren, Besprechungen und Seminaren*, 7. Aufl., Weinheim/Basel: Beltz.

Luhmann, Niklas (1965), Spontane Ordnungsbildung, in: Fritz Morstein Marx (Hg.), *Verwaltung*, Berlin: Duncker & Humblot, S. 163–183.

Luhmann, Niklas (1970), Funktionale Methode und Systemtheorie, in: Niklas Luhmann (Hg.), *Soziologische Aufklärung 1. Aufsätze zur Theorie sozialer Systeme*, Opladen: WDV, S. 31–53.

Luhmann, Niklas (1972), *Rechtssoziologie*, Reinbek: Rowohlt.

Luhmann, Niklas (1975), Interaktion, Organisation, Gesellschaft, in: Niklas Luhmann (Hg.), *Soziologische Aufklärung 2*, Opladen: WDV, S. 9–20.

Luhmann, Niklas (2011), Strukturauflösung durch Interaktion. Ein analytischer Bezugsrahmen, *Soziale Systeme*, Jg. 17, S. 3–30.

Matthiesen, Kai/Jonas Spengler (2020), Verständigung mit Nicht-Anwesenden. Was leisten digitale Formate, *Organisationsentwicklung*, H. 2, S. 31–35.

Nolte, Mascha (2022), *Visualisierung und Interaktion. Interaktionssoziologische Perspektiven auf die Methode der visualisierten Diskussionsführung*, Wiesbaden: Springer VS.

Nolte, Mascha (2023), *Workshops. Zu einer besonderen Form der Interaktion in Organisationen*. Wiesbaden: Springer VS.

Rohm, Armin (2020), *Change-Tools. Erfahrene Prozessberater präsentieren wirksame Workshop-Interventionen*, 7. Aufl., Bonn: ManagerSeminare.

Schnelle-Cölln, Telse (1983), *Visualisierung. Die optische Sprache in der Moderation*, Quickborn: Metaplan.

Seifert, Josef W./Heinz-Peter Göbel (2001), *Games. Spiele für Moderatoren und Gruppenleiter*, Offenbach: Gabal.

Sperling, Jan B./Ursel Stapelfeldt/Jacqueline Wasseveld (2007), *Moderation. Teams professionell führen mit den besten Methoden und Instrumenten*, Planegg: Haufe.

Sperling, Jan B./Jacqueline Wasseveld (2002), *Führungsaufgabe Moderation. Besprechungen, Teams und Projekte kompetent managen*, 5. Aufl., Freiburg: Haufe.

Trebesch, Karsten (1996), Moderation: Führung im intermediären Raum, in: Joachim Freimuth/Fritz Straub (Hg.), *Demokratisierung von Organisationen. Philosophie, Ursprünge und Perspektiven der Metaplan-Idee*, Wiesbaden: Gabler, S. 97–108.

Zirkler, Michael/Andrea F.G. Rascher (2014), Zur Ordnungsstruktur von Moderationsprozessen: Funktionen, Rollen und Konfliktpotenziale, in: Joachim Freimuth/Thomas Barth (Hg.), *Handbuch Moderation. Konzepte, Anwendungen und Entwicklungen*, Göttingen: Hogrefe, S. 99–120.

Printed in the United States
by Baker & Taylor Publisher Services